我希望
我女儿
活得"自私"

〔韩〕郑莲喜 著

阚梓文 译

国际文化出版公司

·北京·

目 录

希望妈妈的世界
不会成为你的阴影

我在母亲的
牺牲中长大

3

III

愿你毫无保留地
爱自己，肆意而活

序 言

两年前的夏天，24 岁的女儿带男朋友回家，说有话要对我们讲。

"如果你们同意，我们想明年春天结婚。"

准女婿颤抖着说出这句话时，女儿脸上始终挂着幸福的微笑。丈夫虽然也笑意盈盈，可就在"结婚"两个字出现的瞬间，他的嘴唇微微颤抖了一下。那一刻，我的脑海里浮现出一句话："幸福是有条件的。"然而，他们为爱走进婚姻，作为母亲，我没有理由反对。

女儿开始筹备婚礼后，我经常和她讨论一些细节，但我却总是欲言又止。那些想对女儿说的话，就像拼命挣扎在渔网里的鱼，几欲冲出我的喉咙。我清晰地感觉到，这些话和我的想法、思考以及情绪，勾连着我的人生，翻腾跳跃着。我怕女儿嫌我焦虑，嫌我杞人忧天，嫌我小题大做，但无论如何我都想把这些话说出来。

于是，我开始了写作。

因为有些事情，我必须要让女儿知道——生养女儿所感受到的幸福、独自育儿时面对的苦涩与艰辛、进入职场工作时公婆对我说的那些话，以及婚姻是从未经历过却会将关系中的难点一并奉上的未知世界。我想告诉她，要有怎样的觉悟和行动，才能掌控自己的人生。

为此，在过去的一年多里，我不停地写作，哪怕一个星期都没有松懈过。这些文字，不仅是写给我自己的女儿，也是写给将来走入婚姻的万千女儿，还有那些生养女儿的母亲。

我一边写女儿的故事，一边自我反省，我想对她说："妈妈当初应该多说'我爱你'，应该多陪你去游乐园玩儿，应该多抚摩你的脸、夸你漂亮，应该多花些时间倾听你说话，应该多给你一些炙热的拥抱，应该多和你一起体验生活。"此刻，那些我做得不够好和做错的事，一桩桩、一件件地跃入我的脑海。我发现，原来用尽全力是一件很难的事情。

距离女儿的婚礼还有三个月时，我写下了我的婚姻故事。看着这些文字，我最担心的就是女儿会变成我这样的媳妇。这些年来，作为媳妇，我并没有真正融入丈夫的原生家庭，也一直活得小心翼翼。虽然我毕恭毕敬地侍奉和孝敬公婆，生怕少了半点礼数，但是我的想法总是要通过丈夫传达给他们，就像台球中只能通过击打主球去撞击目标球一样。

我想过为什么会变成这样，因为我从小接受的儒家礼仪教育，以及我在学校里学到的"人人生而平等"和"追逐梦想"的理念，总是与我的婚姻生活发生冲突。我非常害怕，因为我那温柔又善良的母亲总是在我脑海里窃窃私语："你要做一个孝敬公婆、少言寡语的媳妇。"

在每个女儿的人生旅途中，都藏着母亲的人生，它就像是影子，不论你是否愿意，它都会在某个时刻从角落里悄然现身。我的人生也是如此。母亲的影子时隐时现，而我相信我的女儿将来也会无数次地遇到我的影子。因此，我至少要让女儿意识到影子是什么，它是美好的，还是残暴的。

文化是无法轻易改变的东西，即便是改天换日，也要经过很长时间才能将旧的文化连根拔起，就如同死亡一样，有它必经的过程、顺序和时间。而消灭影子也有它的次序与规矩，我决定从自身开始，尝试改变，于是提笔写下我的故事。

曾经选择沉默的女性一旦开口，就可能会招致来自社会舆论的非议，并被打上各种标签——有己无人的女人、自私的女儿、不管孩子只顾自己的妻子、没有传宗接代的不孝媳妇，等等。千百年来，女性忍气吞声地活着，如今她们终于能够发出声音，但指责她们"自私"的声音却从四面八方袭来。

如果这就是"自私"，那么我会千遍、万遍地祈祷，愿我们珍爱的女儿能够活得"自私"。我也希望我亲爱的女儿和世上所有的女儿，无论她们在什么样的环境下长大、与什么样的男人结婚，也不论她们是谁的女儿、妻子或媳妇，都能永远爱自己，自信地活着。

我怀着希望女儿活得"自私"的心情，写下这些文字。

于秋意渐起之际

郑莲喜

女儿啊，从一开始
你就是你

肚子不舒服，是因为舍不得女儿结婚

还记得相见礼[1]那天，席间始终带着微笑的女儿向我们告别："路上小心，一会儿给你们打电话。"直到车子上了高速，我还能想起女儿明朗的笑颜和女婿恭敬行礼的样子。

全程两小时的相见礼，孩子们小时候的故事像韩式料理的套餐一样，被一件件地搬到席间——女儿在墙上画满漫画、准女婿多么聪明伶俐……关于结婚的事情反倒没怎么聊。因为大家都知道，成年人的世界里，哪怕说错一句话都会引起很大的

1　在韩国，人们把结婚前双方家长正式见面、商量结婚事宜的宴席称为"相见礼"。——译者注

误会或矛盾，所以双方家长从头到尾也只是在聊孩子们小时候的事情，根本谈不上有效信息，时不时地还让对方多吃点儿。

这期间，我一直不知道该如何下筷子，一方面是因为没什么想吃的，但更多的是因为准亲家母的一句话让我如鲠在喉——

"如今，我就当多了一个女儿。"

这是一句在电视剧和日常生活里经常出现的话，很多人并不认为它有什么问题，但在我听来却格外刺耳。我知道她是想让我们放心，自己会像对待亲生女儿一样对待儿媳妇，照顾她、教导她，与她和睦相处，可我依然很在意这句话。

回家的路上，我问丈夫：

"你会把女婿当成儿子吗？"

丈夫双手紧握方向盘，用疲惫的声音回答道：

"儿子是儿子，女婿是女婿，怎么能把女婿当成儿子呢？"

"是啊，我也不会把女婿当成儿子看待，但为什么我们国家的公公婆婆都无一例外地会说把儿媳妇当成女儿呢？是因为他们知道自己做不到吗？"

丈夫望着高速公路的前方，沉默了片刻，然后开口说道：

"仅凭一句话，怎么可能把别人的孩子变成自己的孩子呢？甚至不经过任何过程，就算有过程，也不可能超越血缘至亲，这是绝不可能的。"

我对此表示赞同。

"对吧？正因为无法超越儒家思想的人伦亲情，所以他们似乎想要通过制度和规矩来抹除女性的主体性，比如让女儿迁走户口；或者说女儿是嫁出去的媳妇，不让她回娘家；又或者是抹除女儿在娘家的痕迹。他们是想让女儿融入丈夫的家族中，就像没有银鱼的银鱼汤[1]一样。"

见我在一旁说得激动，本来只是目视前方专心开车的丈夫回应我：

"现在连户籍法都取消了，哪还有什么嫁出去的媳妇。过年、过节也都是两家走动啊，你说的这些已经是老皇历啦！"

"是吗？这个世界本就如此，受害者忘不了的，加害者却很轻易就能忘记。"

丈夫叹息着补充道：

"大家相敬如宾，和睦相处就行啦！"

"哎呀，都不知道刚才吃了什么。"

---

1 韩国家庭煮银鱼汤一般会在银鱼的味道充分浸入汤里之后把银鱼扔掉，只留下汤。这里作者想表达女性在过去是被"离开即弃"的存在。——译者注

"是啊……"

那之后的一周多，我的肚子一直不适，倒也不是拉肚子，就是觉得从腹部到胸口都很不舒服。无论是吃消食药，还是丈夫给我按摩，都毫无起色。我甚至还用热敷理疗仪在肚子上敷了一天，即便如此，仪器里的热气也没能驱散我肚子里的寒意。

记不清是第九天还是第十天，我给女儿发信息说我肚子疼，女儿先是问我怎么会这样，接着又说："您要快点好起来啊！"紧接着发了一个表情。我说："下班后给我打电话。"女儿回道："好的。"那天晚些时候，我接到了女儿的电话。

"妈妈，您肚子还疼吗？好些了吗？"女儿关切地问道。

"还是跟之前一样……"接着，我把憋在心里的话一股脑地说了出来，"她一个外人，竟然说要拿你当女儿？我现在肚子这么不舒服，怕不是拜她那句话所赐！"

"妈，您说什么呢？"女儿哭笑不得地说。

"你想想啊，我亲手养大的，走到哪里都被夸赞漂亮、懂事、能干、待人宽厚的女儿，她才见了几次就说要视你为女儿。当时，我一听这话立刻就觉得很可气。"

"妈，您这是怎么了？她也只不过是说了一句长辈们常说的话而已。我不做您的女儿，做谁的女儿呢？您可真是！"

我正色道："我说女儿啊，我是真的肚子不舒服！这不是那种见亲戚买了块儿地，眼红到肚子不适的感觉。该怎么说呢，是真的有一股寒气在我的五脏六腑里游走，所以才肚子不舒服！现在跟你聊完，我感觉好多了，看来还真的跟我想的一样。"

"妈，您可真逗！"

听到女儿在电话那头大笑，我终于感到畅快了许多。我也被自己这一通牢骚搞得很无语，于是跟着女儿一起笑了起来。

"你只需要知道一点，你妈我之所以会如此不舒服，是因为我很爱你啊！"

女儿笑到快背过气了，我又补充了一句：

"女儿！你回去跟准女婿说清楚，说我太爱你了，说我肚子不舒服，因为我非常舍不得你。"

听完这话，刚才还笑个不停的女儿停下来说：

"我会替您转达的，我发誓。您今天别工作了，早点儿休息。春节我回去看您。"

和女儿打完电话，我觉得肚子舒服多了。第二天一早，我完全没有了不适感。看来我这腹部的不适真的是因为太舍不得女儿了。

如今这个时代，已经没人用"嫁女儿"这个说法了。女儿也要上班，为了上班自然不会和公婆住在一起，那我还有什么好担心的呢？我之所以会担心，可能还是因为相见礼那天听到了亲家母说的那句"我就当多了一个女儿"，以及我下意识回忆起自己在婆家的生活琐事，所以才会如此草木皆兵。

那天晚上，我对丈夫说："女儿说要结婚，我舍不得啊，所以才会肚子不舒服。"丈夫似乎觉得很荒唐，笑道："瞎说，有什么舍不得的！"说完又埋头看手机新闻。

后来睡觉前，丈夫突然说：

"对吧？好像是有点儿舍不得。"

我敲了一下他的肋骨，回应道：

"哎，你不是说我瞎说吗？怎么，回头想想还真是这样？"

房间里的灯已经关了，丈夫没有作答，而是盯着天花板发了好一阵呆，后来他摇了摇头，睡着了。

话说，自从两年前，女儿首次表露出些许结婚的意向——也就是那次准女婿的首次拜访——丈夫便已经做好心理准备，准备好迎接女儿婚礼的到来。去年夏天，他们将婚事提上日程之后，丈夫非常认真地对女儿说了许多暖心的话，像是，"你们俩过得好就行了！""你幸福就好！""相爱就要在一起啊！""真羡慕你啊！"，等等。然而，哪怕女儿在电话里抱怨一丁点儿准女婿的不是，他都会毫不犹豫地嚷道："这门婚事，我不同意！"

丈夫也在用这样的方式表达自己的不舍……这和我肚子不舒服是一个道理。

这世上有哪个父母不视自己的孩子为宝贝？有哪个父母不心疼自己的孩子？仔细想来，我认为所有的父母在孩子步入婚姻的前夕，都会因深感自己的孩子无比珍贵而依依不舍。

——女儿啊，你要时刻记得，我和你爸爸都很舍不得你，我们将永远疼惜你。即使你告诉我们你过得很幸福，生活得很好，让我们不必担心，我们依然会心疼你。

请你不要忘记，你身后有一对因深爱你，而过于忧虑，变得执拗甚至有些愚钝的父母。我想，这也是所有父母的心声。

但你还要明白一点，如果有人口口声声说着爱你，却不尊重你的选择，那他就不是真的爱你。你的每一个选择都应当是自由的，无论是那些以维持家庭和睦、育儿为借口的人，还是劝你以丈夫的工作为重、承诺将你爱如己出的公婆，如果他们干扰了你的选择，那么，他们都不是真的爱你。

在我们国家，许多女性在过节期间，常常会消化不良、情绪郁结，甚至产生离婚的念头，这其实是因为在最基本的问题上——选择权从来不是优先给予女性的。不论是过去、现在，抑或是将来，婚姻问题的核心都在于选择权的问题。无论是男性或女性，谁都无法在这种扭曲的选择环境下获得自由，大家都是受害者。

然而，那些被剥夺所有选择权的女性，已经从过去那个时代迈出。在那个时代中，她们的姓名被抹去、个性被磨灭、梦想被剥夺，她们只为了延续家族血脉，而将自我投射在孩子和丈夫身上。现在，她们正在努力找回自己的名字，寻回个性，实现梦想，生育并抚养自己的孩子——而非仅仅是男方的后代。这些都是为了重拾自身的权利而产生的改变。所谓女性，就像被反复熬煮的银鱼汤一样，她们的名字被抹去，被赋予"妈妈"这样充满个人情感色彩的称谓，成为某种情感依赖的对象，与此进行抗争并非易事。在以男性为中心的韩国社会里，性别不平等的文化霸权不断被重塑，使得女性在家庭中展现自我变得非常艰难。但你必须记住自己想要做什么，明白你的选择是什么。

虽然我深爱你，也舍不得你，但你必须肩负起为自己做决定和选择的责任。你要始终与那些大声疾呼的韩国女性站在一起，付出实际行动，为你的女儿，也为你的儿子。否则，我担心你到我这个年纪时，也会因"肚子不舒服"而写下类似的文章。

——女儿啊！
如果有人口口声声说着爱你，却不尊重你的选择，
那他就不是真的爱你。

你的每一个选择都应当是自由的，
无论是那些以维持家庭和睦、育儿为借口的人，
还是劝你以丈夫的工作为重、承诺将你爱如己出的公婆，
如果他们干扰了你的选择，
那么，他们都不是真的爱你。

诞生！生命成长的气味

那位双手异常冰凉的女医生告诉我："你肚里的孩子已经挺大了，而且过了预产期。"她建议我进行催产。第二天下午，我收拾好婴儿服和奶瓶，住进了医院。那时候，候产室里已经聚集了五六名产妇，有的已经开始宫缩，有的则忙乱地进入产房，还有的刚刚接受了催产注射开始出现初期宫缩。

次日清晨，医生为我注射了催产针，傍晚太阳缓缓落下时，我开始感到剧烈的宫缩痛。

我一向身体健康，平生第一次经历这种疼痛，无论是躺着、坐着，还是趴着都令我难以忍受，我只能紧紧地抓住床上的栏杆，勉力忍受剧痛。我心想再坚持几个小时就能熬过去，但就在这时，一名住院医师走过来对我说："这孩子不打算往下走啊，真难办！"接着，她破开了我的羊水，告诉我，"孩子很快就会出来了。"说完，她便转身离开。

那天晚上，一位看起来两周没洗头、疲惫不堪的住院医师来到我的床前，用手从我的上腹轻抚到下腹，歪了歪头说："孩子还没往下走。"几位住院医师在我的床前来回奔走，然后告诉我："羊水已经破了，现在必须做剖宫产手术，您的家人在哪里？"我抱着肚子，回答道："他应该是等在外面。"过了不久，丈夫签完手术同意书后来到我身边，焦虑不安地看着我，一副不知所措的样子。

晚上8点左右，手术开始了。那时候的剖宫产手术需要进行全身麻醉，我挺着个大肚子沉沉睡去，醒来时发现肚子已经平坦下来，我突然感到一阵寒意袭来。我看见丈夫满脸担忧地望着我，他握紧我的手说："再睡一会儿吧，孩子很健康！"

后来我才得知，我的宫缩情况不好，出了很多血。在产后的连续两天里，我被疼痛和高烧折磨，时而清醒时而昏睡。丈夫告诉我："女儿在新生儿病房，非常健康！等你能站起来时，我会带你去看她。"

在我 30 岁那年出生的女儿，伴着我拿到了硕士学位。我和腹中的女儿共同经历了实验准备、选择实验对象、进行问卷编码和数据统计，我们一起整理数据、撰写论文、发表论文，最终成功通过了论文审查。

有一次，我在实验室操作数据记录仪时不慎触电，然而受到惊吓的女儿只是蜷起身体，以此来表达她的惊吓与不适。那段时间，我总是从早忙到晚，如果女儿感到疲倦也很正常，然而她从来不曾让我感到不舒服。

可能是因为剖宫生产，直至拿到硕士学位，我身体的浮肿也没有完全消退。从那之后，我把学位论文放在书架上，那个两年来埋头苦读的我仿佛从未存在过一样，将生活的重心转移到了女儿身上。我们一起听音乐、摇晃她的玩具、阅读小巧的绘本。躺在女儿身边，听着她"咿咿呀呀"的声音，有时我会和她说一些前言不搭后语的话："哎呀，你饿了吗？""想打嗝吗？""原来是困了！""想玩一会儿？""哦，想出门吗？"有时女儿安稳入睡后，我会躺在她身边浅睡片刻，然后起身去洗涤、晾晒和折叠那些拳头大小的婴儿服，就这样度过了久违的平静日常。

每当此刻，我都觉得女儿给了我宝贵的黄金时光，因此格外珍惜地度过。妈妈和姐姐们建议我用布尿布，说那对宝宝的身体更友好。因此，我每三天就会彻底地煮一次白色的布尿布。每天早中晚，我会轻轻地拉女儿乱蹬乱踢的小腿；午餐后，无论天气如何，我都会背着她在附近的公园里散步，在她耳边细数着树名、花名、路名以及建筑物的名字。

婴儿的气息、煮衣服的气味和婴儿爽身粉的香味充盈在房间里，和谐地融合成一种难以形容的、甜美如花香的香气。现在回想起来，这或许就是生命成长的气味。

由于我进行了剖宫产手术，再加上女儿出生后出现了黄疸，我一时无法进行母乳喂养。出院后，尽管非常担心女儿不愿吃母乳，但好在到了娘家后，女儿很快放弃了奶瓶，紧紧贴着我的乳房吃奶，而且吃得非常满足。

"在五个孩子中，你出生时我的奶水最充足，每次都能喂饱你。"母亲抱着吃饱后熟睡的外孙女说，"看到你奶水这么好，我就放心了。"因为母亲一直对两个姐姐奶水不足而无法全母乳喂养的情况感到遗憾，所以每当她看到我抱着女儿喂奶，嘴角总会挂着一抹笑意。

女儿吃奶时，她看向我的眼神仿佛拥有了全世界。等到她吃饱了、玩够了，在散步或洗澡后，又会敞开肚皮吃奶，不久便能入睡。她吃饱后香甜地睡去，睡饱后四处张望，也玩得开心。

我能把孩子养好吗？那些莫名的担忧和焦虑，都随着睡梦中女儿的呼吸声渐渐消散。不知道是因为我心中的安定让女儿如此安逸，还是因为女儿的乖巧使我如此放松。尽管她还只是个脆弱渺小的生命，但我毫不担忧，坚信她绝不会被我干扰，她将有自己的眼界与人生，将会面对一个开阔的世界。

每天在准备晚饭、等待丈夫下班回家的时候，我都会打开电视播放纪录片《动物王国》。倒不是我自己想看，而是给女儿看。然而在观看的时候，我却有种不断地在反复学习"诞生与死亡、竞争与共存、举世皆然的母爱与大自然的残酷"的感觉。出生不久的瞪羚刚伸直颤抖的长腿，就要紧随母亲行走。看着刚生产完的瞪羚母亲带着幼崽平静度日，我甚至觉得我和女儿可能还不如它们。要想了解普遍的母爱和坚韧的生命，没有比《动物王国》更好的教材了。

女儿一天天长大，我也因此看到了生命的自我成长。

在大学的最后一个学期，女儿入职了一家小型的设计策划公司。

"妈，我下周开始上班。"

手机里传来女儿的声音，她的语气里充满了笑意，听到她说从早到晚都一直坐在办公室里完成分配给自己的工作，我感到很骄傲。几周后，她对我说："公司的组长要休产假了。"1996年，我和女儿共同度过"诞生时光"，虽然她可能不记得那时的场景，但那一年的每一天都承载着我的回忆。我朴素地希望，生活在这个时代的所有女儿都能拥有更温暖、更自然、更轻松的"诞生时光"。

我希望你们在"诞生时光"里明白，这个世界上没有轻松的诞生，也没有只有痛苦的诞生；没有哪个诞生别人更珍贵，也没有哪个诞生比别人更悲伤；更没有毫无痛苦、只有快乐的诞生，只有属于自己的珍贵诞生。

看着如今长大成人、成为上班族的女儿，我才发现那个曾经握着我的手、颤抖着双腿蹒跚学步的女儿，现在已经变成了能够四处奔跑的瞪羚，我感到无比喜悦。

"妈妈，妈妈"，女儿哭着轻抚我的后背

　　母乳喂养女儿八个月后，我开始每天往返于大田和首尔的专业设计学院学习服装电脑制版（CAD）。女儿出生不到一年，虽然我感到身体十分疲倦，但女儿也承受了数不清的辛苦。早上我把女儿带到隔壁楼的邻居家里托管，到了晚上爸爸才把女儿接回家，不料曾经乖巧温顺的女儿出现了严重的便秘和情绪问题。大概过了一个月，母亲听说了这件事，"课程结束之前我帮你照顾孩子"，说完后就把女儿接到了鸟致院的家中。

　　我把女儿寄养在别处才换来了宝贵的学习时间，所以不敢有丝毫懈怠——我通常早上 6 点 15 分从大田出发，8 点 10 分到达首尔。全神贯注地学习一天后，晚上 8 点 05 分从首尔出发，

10 点 20 分回到大田家中，接着复习到凌晨 2 点才睡觉。

学院的课程一结束我就在首尔参加了面试，但由于没有人帮忙带孩子，我只能放弃就业。在照顾孩子这件事上，娘家和婆家都说很为难，丈夫也说自己一年后会进入实习医师阶段[1]，这令我感到十分无力。

1997 年，电脑设计软件在韩国普及之后，在首尔很容易就能找到一份相关的工作，待遇也不错，但是大田的情况并非如此，所以我觉得很失落。

失落的日子就像一块块沉重的石头，在我心里越垒越高，直到有一天，我接到了研究生导师的电话。研究生毕业后，导师就建议我在大学教课，当时我说想去公司锻炼一下，底气十足地拒绝了他。在电话里，导师问我找工作是否还顺利，而我

---

1 在韩国，医师职称分为一般医师、实习医师、住院医师、专科医师、主治医师。自医科大学或医学专科研究生院毕业、通过医师国家考试取得医师资格证的学生，统称为一般医师；一般医师需在大学医院或者综合医院进行为期 1 年的实习期，按照一定的周期在各科室轮转，以了解各科室工作，并决定下一阶段的发展方向；实习期结束后，为了取得专科医师从业资格，需作为住院医师在综合医院进修 3 到 4 年，通过专科医师资格考试后，可成为专科医师；成为专科医师之后，如果选择继续在大学医院的相关科室深入学习，便进入主治医师阶段。此外，男医师在结束住院医师阶段后，需作为公众保健医师服 36 周兵役，在此期间外出会有所限制。——译者注

只能用微弱得像蚊子一样小的声音回答他。整个通话期间，我感到自己非常渺小。年幼的女儿还需要我照顾，仅凭我对工作的热情，很难找到一份工作。那天我拿出了新婚时和丈夫一起酿的梅子酒，像喝水一样喝光了整整一罐。为了给孩子喂奶，两年来我滴酒不沾，如今喝完酒，我放声大哭。我感到自己被悲伤吞噬，内心充满了无力感。

当时，我们住的是 21 坪[1]的环形走廊式公寓[2]，那天丈夫回到家隔着窗户听到我的哭声，吓得急忙开门。他说，当时看到我们母女俩哭成一团，"心里咯噔一下"。我伏在地上痛哭，女儿小小的身躯站在我的身旁，她一边轻拍着我的后背，一边哭着喊"妈妈，妈妈"。见爸爸回来了，她既开心又安心，一双眼睛来回看着爸爸和妈妈，号啕大哭了起来。现在，我已经不记得那天晚上吃没吃晚饭、后来是怎么睡着的，以及我和丈夫聊了什么，只记得歉疚和无力感如海啸般翻涌而来，淹没了我。

---

1 韩国房屋面积单位通常使用"坪"，1 坪等于 3.3057 平方米，作者的公寓面积约 69 平方米。——译者注

2 环形走廊式公寓是韩国常见的公寓结构，其特点是开放式走廊连接着大量住户，形成了一种类似于电影《功夫》中包租婆住所的住宅布局。由于所有窗户和房门都设在这些公共走廊上，因此尽管丈夫能透过窗户听到作者的哭声，但他无法完全了解房间内部的实际状况。——译者注

第二天早上，丈夫非常认真地看着我说："咱们去找工作吧！虽然大田的企业不多，但总有招人的单位。我会帮你的。"

那时候女儿还不太会自己走路，刚学会说"妈妈""爸爸""吃饭饭""喝奶奶"，然而丈夫却充满信任地看着女儿，说着她根本听不懂的话，"你要好好守护妈妈""你是个孝顺的女儿""现在我们只能相信你了"，等等。

1997 年，大田几乎没有使用电脑设计软件的服装企业，我只能漫无目的地走进公司推荐自己，结果自然是遭到了一次又一次的拒绝。后来终于找到了一家企业，他们需要聘请一名员工制作分发给设计组的作业指示书。

"我们只能按最低工资标准给你，没关系吗？"老板问我。我告诉他"没关系"。

"谁能想到家附近有生产制服的企业呢？女儿啊，这都是托你的福，妈妈找到工作了，你真是个孝女啊！"

带着女儿在外面等待我面试的丈夫听到这话，看着我们母女哈哈大笑。

七个月后，亚洲金融风暴来袭，那家公司自然就劝我辞职了，然而另一家突然在金融危机中崛起的本地运动服饰定制企业新开设了设计部门，于是我以电脑设计专业人员的身份进入了这家企业。

直到现在，丈夫还会偶尔提起那天："当时你喝完梅子酒跪在地上放声大哭，女儿一边轻拍你的后背，一边抬头用那双泪眼婆娑的大眼睛望着我，眼前的画面就像照片一样，我真是至今难忘。"

女儿曾经用她满是温暖与爱意的小手轻抚我的后背，如今她带着男朋友回家问候我们："请你们同意我们的婚事。"

在二十四五岁结婚，难免会被周围的朋友议论太早步入婚姻，然而丈夫却很羡慕她无所畏惧的爱情，认为相爱就要结婚，不需要得到他人的认同。我告诉女儿："两个人生活在一起，你会发现他和你认识的那个人不一样，但其实这是相互的，所以要从对方身上学习，不断地去探索你的爱情与人生。"

我很想知道女儿的爱情故事将会如何发展。

——女儿啊，

你曾经用枫叶般的小手轻抚我的背，

你要时刻记得，

你身后有一个忘不掉那瞬间温暖的母亲。

我希望，你能活成一个自信的人，而不是女人、女儿、媳妇。

无所畏惧地挑战人生。

希望我的女儿和无数个与自己母亲分享悲伤的女儿，

都能踩过、跃过、冲过我们那个时代的苦难，

去享受无所顾忌的人生和广阔的世界。

愁啊，他竟然不认得妈妈了

2002 年 8 月，我独自去米兰留学，哪怕已经提着行李箱到了机场，我心里依然忧心忡忡——"文件带齐了没？""有没有落下的行李？""我能不能顺利到达从网上租的韩国留学生公寓呢？"登机后，在机场为我送行的家人的模样如潮水般涌入脑海——用充满担心和忧伤的眼神要我一路顺风的丈夫，问着"妈妈你什么时候回来"的女儿的那双眼睛，还有对这个世界一无所知、无精打采地躺在育儿嫂怀里的儿子的模样。恐惧和茫然像潮水般一齐涌上心头。

晚上 9 点，飞机降落在米兰马尔彭萨机场后，我开始等待我的三隔层背包，但是并没有等到。经过确认得知，我的行李被落在了中途转机的法国机场。这真是太离谱了。在经历了等待行李、寻找行李去向、跟工作人员商讨解决方案之后，我终于在午夜 12 点到达了公寓。

我在信箱里找到备好的钥匙，走到门前的时候，瞬间感觉自己的力气被掏空了。接着，我毫无顾虑地插入钥匙转了一下，门锁却没有开。直到现在去欧洲旅行，我还是不习惯他们的钥匙要转三四圈才能打开门锁，可想而知当初的我有多么惊慌。后来折腾了十几分钟，我终于进入了漆黑一片的公寓。就这样，黑暗的、孤独的、惊慌的留学生活开始了。

那之后，我度过了非常忙碌的四个月。白天上学校的正规课程，晚上上提供给25周岁以上成年人的免费意大利语培训班；没有课的周五整理笔记和写作业，周六逛名牌商店和探索周围的环境，周日去米兰唯一的韩国人教堂做主日学校老师。

终于，我迎来了为期两周的短暂圣诞假期。回到家中，我发现女儿长大了不少，她猛地扑进我怀里，用闪着光的双眼看了我好久。"妈妈，我好想你！你是回来过圣诞节的吧？"女儿抱着我叽叽喳喳地说个不停。与女儿不同，儿子只是在育儿嫂怀里呆呆地看着我。我冲他喊道："儿子，你过得好吗？到妈妈这里来！"但是他用一脸陌生的表情看着我。

"喂，是妈妈呀！这么快就把妈妈给忘了吗？你怎么能忘了呢？"女儿调侃地说完后，我一把将儿子揽入怀中，快 2 岁的他不安地挣扎着，试图从我怀里挣脱出来。我轻柔地抱着他说道："儿子，是妈妈的错！你不会这么快就把妈妈忘了吧？对不起！"此时，儿子或许是从声音里找到了熟悉的感觉，开始目不转睛地看着我。

那天晚上，我和女儿、儿子相拥入眠。第二天，儿子似乎记起了我，他满面笑容，带着奶粉香气，躺在我怀里，玩得很开心。就这样，我的圣诞假期在不知不觉中结束了。两周后，我回到米兰，我明白这样的机会在我生命中或许再也不会有，于是我拼尽全力学习。

在我留学结束回到家的那天，两个孩子大喊着"妈妈"，扑进了我怀里，他们在一年间像雨后竹笋一样迅速长高了不少。几天后，我在整理女儿房间的时候，看到了她的绘画日记。在日记里，女儿画了我、她自己，还有弟弟，然后在旁边写下了文字：

妈妈回来了，说是回来过寒假。
妈妈回来我非常开心。

但是弟弟不认得妈妈了。

愁啊，他竟然不认得妈妈了！

女儿怀着对弟弟不认识妈妈这件事的担忧，写下了这篇日记。她本是不需要担心别人的年纪，只要想着"妈妈回来了很开心"就可以了。"我都没担心，孩子替我担心了。"丈夫一边说，一边久久地凝视着女儿的绘画日记。

在我留学的那一年里，女儿同忙碌的爸爸，还有弟弟、奶奶一起生活。在我刚从米兰回国，回归和家人过起平凡生活时，女儿问了我一个问题：

"妈妈，奶奶更喜欢弟弟，那妈妈呢？"

我看着女儿瞪大的眼睛回答："我不知道奶奶的想法，但我认为比起晚出生的孩子，早出生的孩子和妈妈一起度过了更长的时间，有更多的回忆。也许这就是大人们更疼爱年幼的孩子的原因。而你来到这个世界的时间更早，和妈妈在一起的时间更长。所以，将来如果有一天妈妈离开了这个世界，你将会拥有比弟弟更多的回忆。你只要记住这一点就好了！"

"是啊，弟弟和妈妈分开还没多久，就完全不记得妈妈了。没错！相比之下，我永远是那个和妈妈多相处了五年的孩子。"

　　和只疼爱弟弟的奶奶一起生活，女儿经常会听到一些让自己不开心的话，所以我在回答她的问题时，告诉她奶奶的疼爱与性别无关，而是与来到这个世界的时间长度有关。女儿听了之后感到心满意足，因为她是妈妈的第一个孩子，和爸爸妈妈度过的时间更长，拥有更多的回忆。

　　——女儿啊！

　　早出生的孩子和妈妈度过了更长的时间，有更多的回忆。

　　也许这就是大人们更疼爱年幼的孩子的原因。

　　而你来到这个世界的时间更早，和妈妈在一起的时间更长。

　　所以，将来如果有一天妈妈离开了这个世界，

　　你将会拥有比弟弟更多的回忆。

　　你只要记住这一点就好了！

妈妈，我可以叫你母亲吗？

2003 年秋天，电视剧《大长今》开播了。当时我从意大利米兰留学归来，回到两个孩子身边。见到分别了一年的妈妈，女儿又变回了那个活泼爱笑的孩子。和奶奶、育儿嫂一起生活的这一年里，女儿总是被迫听到一些难听的话，弟弟比她小 5 岁，而且我婆婆十分重男轻女，总是下意识地用严厉的口吻对她说话，所以女儿看到我回家才会那么高兴。

大概在我回家一个月后，电视剧《大长今》在全国热播，每播一集都能引起巨大关注。每到播放《大长今》的日子，女儿就会早早写完作业，然后端端正正地坐在沙发上等长今[1]出

---

1 韩剧《大长今》中的角色，她温柔、稳重、成熟，有着与母亲一样的温暖和包容。——
　 译者注

现。电视剧播完之后，她会在客厅里转来转去，嘴里哼着主题曲，又突然跑到我面前跪下，然后用清亮的声音问关于长今的问题。

"妈妈，长今真厉害啊！什么都会，你说对吧？"

"这说明长今非常努力啊，将来如果你有想做的事情，就要像长今一样努力哦。"

有一天晚上，女儿问我："妈妈，我可以叫你'母亲'吗？"

"母亲？为什么你想叫我'母亲'啊？"我反问道。

女儿目光炯炯地微笑着回答："是的，我想叫你'母亲'。"

我在心里想着：嗬，这是看《大长今》入迷了，竟然突然想叫我"母亲"。估计这股劲儿也就能维持一个月。于是我回答道："既然你想改口，那就按你的意愿来吧。你可以叫我母亲！"

那之后的两年，无论有没有客人在场，女儿无时无刻不用"母亲"称呼我。我的母亲见外孙女这样称呼我，问道："她怎么了？"我的父亲则一边回忆起过去的时光，一边说着："过去人们都是这样彬彬有礼。"公婆只是简单地说："她可真是与众不同。"

就连实验室的晚辈来家里做客，女儿也称我为"母亲"，并亲自接待客人，恭敬地问客人："您要喝水吗？"晚辈们见到这一幕，恨不得当场捧腹大笑，他们在我面前称赞女儿："前辈！最近很难听到这样的话了，真好啊！"

记得，女儿小学五年级的暑假，她自然而然地把称呼改回了"妈妈"。我问她为什么不继续叫我"母亲"，她莞尔一笑："算啦，我觉得叫妈妈更亲切。"

其实，女儿叫我"母亲"的那两年，我正在攻读博士学位，是最辛苦、最紧张的时期。女儿或许不知道，她恭敬地叫我"母亲"这件事，其实对于一个年龄稍大、同时抚养两个孩子，还在学习的我来说是一种鼓励，鼓励我像长今一样坚强地闯过所有难关。

"母亲，您今天也晚归吗？"

"母亲，今天学校举行运动会，您这么忙是不是来不了了？"

"母亲，和家长一起去爱宝乐园的那个活动，我自己去吗？"

我记得，面对用恭敬的态度和温暖的语气向我提问的女儿，我的回答里总是带着歉疚。

"女儿，今天我有实验，会很晚回家。"

"今天的运动会，天安的奶奶会参加。"

"爱宝乐园的活动，鸟致院的外婆陪你一起去怎么样？"

过了 35 岁的妈妈们，还有多少被女儿唤作"母亲"呢？两年来，女儿一直用尊称来称呼我，让我像长今一样炽烈地活着，她在不知不觉间给了我支持与信任。我想知道在我所生活的这片土地上，还有多少这样的女儿。

——女儿啊！

妈妈就要成为韩尚宫，你就像长今一样生活吧。

这条路太过辛苦，其实我并不建议你走，

但如果这是你愿意的，我希望你尝试一次。

虽然这条路依旧艰难，

但人们都说社会在改变。

谁知道呢？

也许你的路会比我那时候更好走吧。

我可以画在更宽敞的地方吗？

2006 年 1 月，我把博士论文高高地摞在书架上，然后对正在上小学五年级的女儿说："从现在开始，妈妈每天都在家，你随时可以把朋友带来家里玩，我给你们准备零食。"

时隔多年，我为出生在 1 月中旬的女儿举办生日派对，并邀请了她的朋友们。虽然生日宴只准备了炒年糕、比萨、炸鸡和紫菜包饭，但孩子们都很喜欢吃我做的紫菜包饭，所以我从早到晚一直在忙着卷紫菜包饭。女儿的朋友们好不容易来家里做客，6 岁的儿子也兴奋地追着姐姐们跑，那场景就像是在办庆典。

看到两个孩子这么开心，我不禁心生苦涩，在过去漫长的四年中，出于我的工作原因，家人连周末都无法出去见朋友，只能陪我待在实验室里。我去韩国电子通信研究院（ETRI）读博士后之前的那个3月，女儿经常带着一大群朋友来家里玩。对于之前只能去朋友家做客吃饭的女儿来说，这是几年来难得的机会，她可以将零食分享给朋友。

可是有一天，女儿有点儿害羞地问我：

"妈妈，我可以画在更宽敞的地方吗？"

"宽敞的地方？可以，你想做就去做吧。"

"是真的很宽敞的地方。"

"就按你说的办。是速写本太小了吗？妈妈给你买个大的。"

那天，女儿和朋友们疯玩到晚上，她们刚走，女儿就说太累了要睡觉，接着就回了房间。

第二天，我帮女儿收拾房间时，发现床前正中央的墙上有女儿画的画，画里是造型和表情各异的漫画感的少男少女，画上还有不少看似摇摇欲坠地挂在人物身上的对话气泡。

我还在女儿房间里找到了一些她的漫画本，书桌抽屉里有2本，衣柜里则藏着5本，漫画里的少女扑闪着大眼睛。看到这些，我想起一件往事——有一段时间，因为丈夫值班，我下班又很晚，所以婆婆会帮忙照顾孩子。有一次，她说女儿"不知道学习，整天画画，不干正事儿"，她咂舌的声音就像利箭一样从我身边擦过。

那天晚上，我对女儿说："妈妈本来想给你买大的速写本，但思来想去还是更宽敞的地方好啊。"

女儿可能是跟朋友们玩到开心时，不由自主地想展示给她们，于是在墙上画了漫画，但是又怕被骂，这才有了前面的那一幕。我看着女儿清澈的眼睛，用积极的态度告诉她：

"你可以用笔画，也可以用颜料画，因为那是你的房间，是属于你的空间，用心填满它吧。"

"真的可以吗？现在我可以看着画入睡了吗？谢谢你，妈妈！"女儿神采焕发地说。

就这样，一路从小学到初中，女儿房间的墙被画满了画儿。女儿一天天长高，画也越画越高，她的朋友们会在她的房间里一边吃紫菜包饭和炒年糕，一边欣赏她的画。那个曾经画了满墙画的女儿，那个曾经画着美少女战士魔法棒的女儿，在攻读视觉设计专业之后，建议我试着在名为"布朗其"的文字创作平台写作，还说会帮我画配图（然而后来我和出版社签约的过程中，讨论后决定不配图）。

女儿周末也在公司里忙得不可开交，但她依然创作着属于自己风格的绘画作品，用绘画拥抱家人。在女儿的眼中，爸爸是羊，妈妈是狐狸，弟弟是刺猬，而她自己是熊。

有一天，我对忙于工作的女儿说："太忙的话，这次的画就简单画画吧。随便画也没事，哪有人会细看呢！"

听完这番话，女儿非常认真地回答："越是忙和累，越不能随便画。遇到这种情况，越要用心去完成。"

女儿给我上了一堂深刻的课。丈夫在一旁听到我们的对话，笑着说："你根本不了解咱们的女儿！接下来要辛苦的就是你了！"

女儿曾经用稚嫩的双手画满了整个房间，她是一个凡事绝不轻言放弃的人，而我低估了她，也低估了她的热情。

——女儿啊！

当你感到非常累、疲倦和忙碌的时候，

我希望，你能像折纸穿洞一样简单地看待眼前的困难，

给自己留一些空间，回归日常。

虽然我们生活在三维空间里，但宇宙并没有将人类束缚在其中。

读博期间，我曾经感到非常艰难，

于是就像折纸一样，暂时地把困难的时间折叠起来，

所以我知道这种感觉。

一定要赢吗？不能只享受滑冰的过程吗？

　　过世的父亲在哥哥读国民学校[1]时，非常喜欢在水田冰场上滑冰。直到现在，我还无法忘记父亲在冰面上奔跑的模样，那样子就像在飞翔。妈妈只给比我大6岁的哥哥买了滑冰鞋。每次哥哥去滑冰场，我都背着雪橇随他同去。穿着冰刀的女孩们姿势优美地在冰场中央旋转，穿着溜冰鞋的男孩们如疾风一般在冰面上奔跑，那场面别提有多精彩了！

　　女儿小学三年级的寒假，我们全家人去了大田梦精灵乐园

1　小学的旧称，1996年韩国为了重振民族精神，将"国民学校"改为"初等学校"。——译者注

的室外滑冰场。我和女儿一边听音乐一边滑冰，而丈夫则是个非常恐惧冰和水的人，因为他从小被母亲担心——夏天怕他游泳的时候溺水而亡，冬天怕他掉进冰窟窿里淹死。所以当我向丈夫提议一起滑冰时，他断然摇头拒绝。丈夫和年幼的儿子一起一边吃鱼糕，一边欣赏我们母女滑冰。

读博期间我非常忙碌，除了想帮女儿找个补习班之外，更重要的是，一到冬天，儿时那段关于滑冰的记忆就会闯入脑海，勾起我想要教女儿滑冰的欲望。于是当我看到一个为期四周的寒假滑冰课程时，便问女儿要不要学，女儿开心地回答："这很有趣，我想去试试。"

一年后，女儿再次申请了室外滑冰课。看到她与冰面融为一体的样子，老师建议她接受正式的滑冰指导。在那之前，我和丈夫甚至都不知道大田南仙公园里有室内滑冰场。于是，我们便带着女儿前往位于大田南仙公园的室内体育馆。

女儿非常擅长学习，这一方面得益于她沉稳的性格，另一方面是因为她总是能迅速理解并掌握老师教的动作。女儿不畏惧冰面，姿势标准，能够均匀地分配力量，向前速滑时能够用利落的动作控制身体的重心，这些优势都在她的体力得到增强之后成为增速的助力。她运动的频率从小学五年级上学期的 2

次增加到下学期的 5 次之后，滑冰的速度变得比一年前就开始学习滑冰的孩子更快了。

五年级的期末，在一次赛前练习中，女儿很轻易就将其他孩子甩在了身后，第一个抵达终点。我十分开心地看着她，而她回头看了看落后的孩子，表情阴沉了下来。因为那个孩子的教练正在对他发火，他一边吼叫，一边向四周挥动冰刃，仿佛要把自己的学生生吞活剥了似的。那个孩子从四年级开始每周训练 5 次，所以刚开始比女儿更有实力，但后来被训练量增大的女儿超越了。

当年的情况和现在一样，在滑冰场中，教练的指导都是单独进行的，学生们一窝蜂地找教得好的教练指导。所以对于教练来说，女儿训练不到一年就能滑得这么好，自然是件开心的事情；但是对于对方阵营的教练来说，这是件令人不舒服的事情。

那天回家的路上，我对女儿说："你滑得真好，太酷了！"

然而女儿说道："一定要赢吗？不能只享受滑冰的过程吗？"

女儿的提问，让我短暂地想起那位一边吼叫着，一边挥动冰刀刃的教练。

"因为这是比赛，所以自然要拼尽全力。怎么了？"

"比赛的时候，教练们在说什么，其实我都听得到。但是……"女儿欲言又止。

"竞争本就是公平的,因为速度更快的人总会冲在前面。"

"速度快是好事,但是看到朋友被训斥后哭泣的样子,我非常难过。"女儿表情阴沉地说道。

"比赛本就要尽最大努力,这样才能知道自己哪里好、哪里不好,才能解决问题。"

女儿闷闷不乐地说:"我知道,但我只想快乐地滑冰,而不是赢得比赛。"

我似乎明白了女儿的想法。

"妈妈并不是要把你培养成专业运动员。妈妈让你学习滑冰,是因为这是一个很好的锻炼,在这个过程中,你能通过身体运动到达你的极限,也能意识到靠身体完成的事情有多辛苦。而且,如果小时候不锻炼大腿肌肉,长大后就很难练了。现在你把大腿肌肉练好,它会一辈子支撑着你的身体,所以才让你训练。我是说,你可以按照你的想法去做,输了比赛也没关系,慢慢滑也没关系,如果这才是你的真实想法。"

"我明白了。"女儿笑得很开心,说完开始跟弟弟玩闹起来。

那件事之后的几次练习中,女儿都滑在那个孩子的后面。

无论一旁的教练怎么吼叫、怎么表现出不开心，她都装作没看见，依然不往前面冲。练习结束后，我去找教练。

"我女儿说不喜欢别的孩子被责骂，您就由她去吧。每个人的人生信条不一样，请您理解。您现在让她幸福地滑冰，等将来她有了孩子，才会再送到您这里来啊。说不定到时候她的孩子能成为下一个世界冠军呢。"

教练大笑着说："好，我知道了。对于还有更多发挥空间的她来说，降速滑也不是件容易的事情。我明白您的意思了。"

现在回想起来，我的话可能会让教练感到被冒犯，但他还是在听到"等年幼的女儿将来成了母亲，她会带着像世界冠军一样的孩子来滑冰场"时，捧腹大笑，然后痛快地同意了。

直到女儿小学六年级毕业之前，每次去滑冰场她都练到汗流浃背，就这样顺利地结束三小时的艰苦训练。后来，当看到弟弟瘦弱的双腿穿上滑冰鞋时，女儿同情地望着即将开始受苦的弟弟。

现在，我们全家还偶尔去滑冰场，穿上紧身衣在冰面滑行时，我仿佛还能听到女儿当年的声音——"一定要赢吗？不能只享受滑冰的过程吗？"

如今，我想把女儿曾经说的话还给她，还给即将走入婚姻的女儿，还给不喜欢明显竞争的女儿，以及那个明明已经第一个到达终点线，却拒绝接受只给予胜利者赞美的女儿。

——女儿啊！

人生不必像比赛般活着，享受它就好。

但是你为了能够快乐地滑冰，进行了多少训练，付出了多少汗水，

这点你比我更明白，所以我感到很庆幸。

现在，你的面前即将展开一场真正的人生竞赛，

我希望，你能用艰苦训练中练出的大腿肌肉，用心完成这场如履薄冰的婚姻竞赛。

你从小就学会了控制速度，我相信你一定能做好。

但是谁知道呢？

也许你能生出一个像运动员崔珉祯[1]一样的女儿。

1　韩国短道速滑运动员。——译者注

等价交换原则

2014 年 8 月，我以中央密歇根大学访问教授的身份和全家人一起在美国生活了一年。当时，女儿刚读完大学第一学期，儿子处于"中二病[1]"时期，而我的丈夫已经在大田照顾孩子们八年之久，正是感到筋疲力尽的时候（丈夫坚持要自己带孩子，因为他说相比群山，大田才是大城市）。在帮女儿和儿子办好休学手续后，丈夫向他供职了十多年的大学医院递交了辞呈，从此成了无业游民，然后便收拾了 8 个行李箱。

1　网络流行词，该词源于日本，"中二"即初中二年级的意思，指的是青春期少年特有的自以为是的思想、行动和价值观。——编者注

抵达密歇根州的小城市芒特普莱森特之后，我们花了两周时间办理了一些定居所需的基本手续，比如申请驾照、办理社会安全号码、去银行开户、申请教职员工身份证和停车券、购买车辆、为儿子递交中学入学材料、为女儿申请语言课程，等等。

在美国的生活简单而舒适。我们一起逛市场、散步、运动，身心得到放松之后，儿子又回到了无精打采的状态。儿子每天 7 点 40 分就要到达学校，放学后面容疲倦地回到家，接着就躺在地板上。他这种状态不是一天两天了，虽然我和丈夫早就习惯了，但我们还是很好奇他现在全天在英语环境下听课是否听得懂。我们问他也不回答，他要是不告诉我们，那估计只有神仙才知道他知道哪些、不知道哪些。我今生也是第一次生养男孩，还能怎么办呢？

每天早上我们一家子乱哄哄地轮流洗漱，晚上一起吃饭，周末一起做些简单的运动。和家人一起度过平凡的日常生活，让我的内心和大脑都安逸而舒适。通常我和丈夫、女儿一起准备晚饭的时候，儿子会弹电子琴，或是打开客厅里的笔记本电脑，沉迷在游戏里疯狂地敲击键盘，那指尖的技术简直出神入化。有时我会让儿子打扫房间或刷碗，彼时他仿佛听到了什么令人无语的话一样，那双红红的眼睛用不可思议的眼神望着我："你叫我？为什么？"说完就一溜烟地跑回房间。看到这种情况，丈夫会说："要不我来做吧？"女儿会说："他这是病。妈，这叫'中二病'！"

2015年6月，随着暑假的到来，我们一家人把行李满满当当地塞进越野车，开启了长达11天的加拿大露营之旅。在那之前，我们偶尔会在家附近露营两天一夜或是三天两夜，而这是第一次超过10天，所以全家都很紧张。出发前，女儿说要下载一些晚上一起看的影片。

"对于治疗弟弟的低迷情绪，这部作品最适合不过了。"

"什么作品？"

看着充满好奇的我和丈夫，女儿灿烂地笑着。

"就是妈妈看过的剧场版的那部动漫——《钢之炼金术师》！要想看完整个系列，可是要花上不少时间呢。这片子既感人又能从中学到很多东西。我敢保证，弟弟看完以后，什么情绪低迷、'中二病'都能治好，还有那句跟口头禅一样的'你叫我？'更是不会再说了。"女儿自信满满地说。

《钢之炼金术师》讲述的是爱德华和阿尔冯斯兄弟为了救活亡母，进行禁忌炼金术的故事，故事中始终遵循"等价交换原则”。女儿平日里就擅长用动漫来哄骗弟弟，所以她十分清楚情绪低迷的弟弟看完这部 64 集动漫之后，会产生怎样魔法般的变化。

从精心布置的美丽湖畔露营地，到城市里的整洁露营地，我们沉浸于以露营的方式欣赏加拿大。我们通常会在一个城市停留两天。白天探索城市，逛超市买东西；晚上简单吃过晚餐、洗碗之后，我们会使用公共浴室和公共洗衣房进行洗漱。一切生活都很简单。最让我们开心的是，搭好帐篷，早早吃完晚餐，接着一家人并排坐着看《钢之炼金术师》。作品中反复强调“等价交换原则”，也就是说，世上没有免费的午餐，只有付出努力才能结出果实。

虽然露营本就如此，但我还是通过儿子发现，一个人的双手能发挥出巨大的力量，多一个人帮忙，事情的进展就会奇迹般加速。搭帐篷的时候，拥有科学大脑和灵巧双手的儿子同爸爸成了完美搭档，他们不到 10 分钟就能平地搭起一个 6 人用的帐篷。

“妈妈，赶紧把帐篷支起来，咱们才好吃完饭看《钢之炼金术师》啊！弟弟就是不做而已，做起来可是很优秀的。瞧瞧，他现在已经明白等价交换的道理了，你说对吧？”

女儿的话逗得我大笑不止，丈夫问我为什么笑，我说：“帐篷眨眼间就搭好了，我以为咱们儿子用了炼金术呢！"丈夫看了看耗尽心思搭帐篷的儿子。"以后这就是常事了，我看就叫帐篷炼金术、父子炼金术师吧！"丈夫一脸幸福地说着。

儿子的变化不只体现在搭帐篷上。露营中最耗时的就是洗衣服，通常要花费两天的时间。在露营开始的第二天，儿子主动说要洗衣服。每个露营地的洗衣机和烘干机都不一样，喜欢摆弄机械的丈夫本来准备自己洗衣服，没想到儿子跟着他起身离开座位，一起把脏衣服收集起来，那场面简直就像魔法现场一般。儿子过去只会躺在地板上，或是沉迷于游戏里，但现在他会出力买木柴，参与到步骤复杂的生火中，还会安装和拆解煤气灶。儿子在露营中迅速融入我们的日常生活。我至今还记得他全身心实践等价交换原则的样子。

我不得不承认，父母看孩子的角度和孩子互相看待的角度不同。我也同样承认，女儿在看到整天把"你叫我？"挂在嘴边的弟弟后想出的"钢之炼金术师疗法"，对儿子来说比任何话都更有效。

——女儿啊！

虽然你之前的人生一直遵从并实践着等价交换原则，

但是你还不明白婚姻中的不等价交换，

这和现实与童话之间的差异是一样的。

妈妈想告诉你，

走入婚姻就是建立新的关系，

它会将无数的不等价交换像大礼包一样奉送给你，

因此过去那个单纯奉行等价交换原则的你，

在婚姻中可能会迎来令你感到震惊的时刻。

你需要花费巨大的精力，

才能够把不等价交换变成等价交换，

而在这个过程中，你会一直不由自主地想要放弃和逃离，

但是只要你集中精神，就一定能够迎来不等价转换为等价的美好时刻。

妈妈希望你能在充斥着不等价交换的婚姻生活中，找到只属于你的等价交换。

希望妈妈的世界
不会成为你的阴影

就当多了个乖女儿

1995 年 1 月的那场相见礼，仿佛冰窗外的风景一样遥远。或许是因为我也曾经历过相见礼，也或许是因为女儿的相见礼让我想起了往事，总之就像玻璃窗上的冰花融化一样，回忆涌上了我的心头，让我想起相见礼那天双方家庭郑重的问候和长辈们的话语。

当时，我和丈夫分坐在各自父母的身旁，毫不掩饰地展露着我们幸福的心情。丈夫在家里排行老大，而我在自己家排行第四，所以双方父母的经验值不同。我的父母经历过两个姐姐和哥哥的婚礼，知道儿子和女儿结婚有什么不同，也知道首尔女婿和忠清道女婿的区别。

当天，公公用一句"你们把女儿培养得很好，感谢你们把如此优秀的女儿嫁到我们家"表示问候，婆婆则用"我就当多了个乖女儿"开场。父亲说"我的女儿有很多不足，她还在学习进步的路上，这让我很担心啊"（当时我正在读研究生），而母亲则没有说话。两家父母从容不迫地讨论着举办婚礼的时间和地点，商定之后，他们开始分享各自家中其他孩子的小故事。

虽然那场相见礼如冰窗外的风景一样遥远，但是公公婆婆口中的"把女儿嫁到我们家"和"就当多了个女儿"的话，却始终没有消融，至今留在我的心里。

筹备婚礼的过程十分顺利，我和丈夫没有争吵和伤心，正式结为了夫妻。婚后，由于公公婆婆很关心我们的生活，叮嘱我们每周要打两到三通问候电话。我觉得这不是什么大事，所以乖乖地照做，于是打电话问候就自然而然地变成了我的义务。通话基本没什么内容，都是早饭吃了没、衣服穿暖了没，类似这种琐碎的小事。当时我正在读研究生二年级，早上坐着丈夫的车去学校，晚上跟着下班的丈夫一起回家。

我怀孕之后，无论是在家还是研究室，都能接到公公婆婆的电话，他们对我充满了关心，把打电话看作是每天都要做的工作。婆婆曾经是一位小学老师，早晨上班后，她会问我早饭吃了什么，吃完午饭要问，下班前还要问我身体怎么样。说来说去都只有一件事，"只有你吃好了，孩子才能发育得好"，以及"只有你身体健康，你丈夫才能过得舒服"。每时每刻都在通过电话传达和实践"把女儿嫁到我们家"和"就当多了个女儿"的意义。后来，我意识到这话的真正含义：我们得到了为我们家传宗接代、照顾儿子的女人。

　　产前一个月，我感觉电话铃声就像孕吐一样令我不适。怀孕期间我未曾经受过孕吐的折磨，但孕吐最典型的症状却通过电话铃声传递给我。即便如此，我还是会接起电话，轻声细语地应答。哪怕我心里想的是"哪个女儿会明明不喜欢，还勉强自己温柔地讲话"，但态度上我始终保持着教养，毕竟对方是我所爱之人的母亲。

　　我知道，孝道不是自上而下自然产生的情感。在目击了父母的人生后，我意识到孝顺是儿女逆向去爱父母的行为。问题在于，我爱的是我的丈夫，而不是他的父母。我和他们只见过几面，他们却不要求丈夫，而是要求我这个与他们没什么感情基础的媳妇尽孝。我要如何逆向付出自己从未得到的爱呢？为什么他们会认为这是可行的呢？然而我过去就是在奉行这一原则的父母身边生活了 20 年。一直以来，我目击了所谓的孝道，领略了长辈们的忠孝礼节，所以我连质疑的声音都从未发出过。

放下电话之后，丈夫会变得小心翼翼，一脸歉疚地看着我："我妈这人就喜欢打破砂锅问到底，你理解一下。"说完他就用母亲的往事转移话题，比如她常年莫名其妙地小病不断，又如她生完两个孩子体弱到韩医师都无能为力，再如相熟的僧人说她很难长寿，等等。当时我手里拿着电话，强忍着电话铃声带来的孕吐般的不适，自我安慰道："就让它随风而去吧。"

生完女儿后，我在娘家待了一个月做产后调养。母亲尽心尽力地照顾母乳喂养孩子的我。剖宫产手术之后，我行动不便，母亲会用心地将餐食放在小饭桌上端给我吃。有时候女儿的小嘴动着要奶喝，我就会问母亲："妈，要不我先喂完她再吃饭吧？"彼时，母亲斩钉截铁地说："吃饱了奶水才会多。你先吃饭，孩子饿 10 分钟不会怎么样。别担心了，你慢慢吃。孩子我来抱着哄。"

母亲的一番话坚定有力，女儿躺在外婆的怀里，只是静静地流口水，不再继续哭闹。

产后调养结束后，我来到了婆家，公公婆婆看着怀中孙女的一举一动，笑得合不拢嘴。产后一个月才去婆家，于是我准备了晚饭，坐到餐桌前拿起餐具，正准备喝汤的时候，到了吃奶时间的女儿就开始哭闹。婆婆开口说："你给孩子喂完奶再吃饭吧。"

我不禁叹了口气说："好，我这就去。"我好久没有做家务了，烧完晚饭已经饿得不轻，现在只能忍着饥饿给女儿喂奶。女儿一边吃奶，一边瞪着水汪汪的大眼睛看着我。我心想：这就是做父母的会因为生的是女儿而失望，而公婆会感谢亲家把女儿嫁到自己家的原因吧！从那时起，我深深地明白了，为何公婆会高兴地觉得自己多了一个女儿、他们欢喜的到底是什么。

我的公公婆婆并不是过分的人，而是非常平凡且传统的人。然而，从那时起我开始一点一点地看清，我所感受到的父母的样子原来是如此的不同。

我生完二胎后，从教师岗位退休的婆婆说要帮我做产后调养，我十分小心地提出了自己的意见。记得当时即使儿子哭闹着要喝奶，我也依然在餐桌吃饭。婆婆问我："孩子饿了，该怎么办啊？"我低声恭敬地对她说："现在是我不是您在喂孩子，我吃饱了，才有奶水喂他。孩子饿个 10 分钟而已，不会有什么大事的。我吃完之前，麻烦您先抱着他。"婆婆怀里抱着孙子，眼睛里却充满震惊地紧盯着我。

"哎哟，你饿了吗？你得等你妈吃完了，才能吃上饭啊。你先等着吧。"婆婆抱着她视如珍宝的孙子说道。

尽管我们的制度教育宣导平等，但实际上我们仍然接受着不平等的家庭关系。而这种不平等，往往被打上优秀的韩国文化的标签，这让人感到疲惫。我希望人们能放下"把女儿嫁到我们家"，或者"对媳妇爱如己出"的想法了。无论是和儿子结婚的媳妇，还是和女儿结婚的女婿，他们需要的不是"爱如己出"这种口头承诺，而是付出时间去互相了解和尊重。

孝道这种逆向付出爱意的事情是很辛苦的，也正因如此，才更加显示出它的珍贵。我认为，尽孝是一件很美好的事情。然而，父母若想讨回当初付出一生给予子女的爱、在艰难和痛苦之中付出的爱，以及哪怕只有一半也想收回的爱（孝道），可不可以先向自己的亲生骨肉提要求呢？或许做父母的也很清楚尽孝是一件很难的事情，所以他们不要求自己的孩子，而是要求"像女儿一样的媳妇"以及"像儿子一样的女婿"来向他们尽孝。只因尽孝太过艰难。

参加完女儿的相见礼，我开始自我反省。无论在哪里，女儿和儿子都是我人生和存在的投射，我在想自己所展示的行为样本是不是太过于传统和刻板。我指的是他们会通过我尽孝的行为举止，学会这种沿袭已久的风俗，以及我的行为习惯。换句话说，当我抱着"辛苦我一个人就可以了，忍一忍就好"的想法，做出那些顺应长辈的举动时，其实是将一种与平等毫不相关的、有形无形中毫无原则的行动展示给了我的孩子，继而在不知不觉中通过存在性投射，将这种行为和思想传递给他们。

——女儿啊！

我希望，人们能放下"把女儿嫁到我们家"，或者"对媳妇爱如己出"的想法了。

无论是和儿子结婚的媳妇，还是和女儿结婚的女婿，

他们需要的不是"爱如己出"这种口头承诺，

而是付出时间去互相了解和尊重。

保姆有她做得好吗?

　　女儿出生 3 周后，公公因胃癌接受了开腹手术。由于公公婆婆都还在教书，所以直到 2 月放寒假，公公才进行了手术。产后调养结束的那个周六，我从鸟致院娘家收拾行李，前往婆家。公公刚做完手术，在家静养，看起来精神不济。"很快就要开学了，这怎么去上班呢？"婆婆对公公的身体感到十分担忧。

　　我在娘家收拾行李的时候，父亲低声对我说："胃癌手术不是小事，去了之后好好照顾你公公。"一旁的母亲则说："我知道这很辛苦，但他毕竟生病了，你要用心照顾他。"我刚做了剖宫产手术生下孩子，所以深知手术是件比想象中更痛苦的事情；加上我本就年轻，又得到母亲一个月来无微不至的照顾，身体已经恢复了。我对母亲说："妈，那是一定的。孩子也不怎么哭闹了，我当然要好好照顾他啊！"丈夫在一旁默不作声地收拾行李，从他的行动中，我无法判断他是希望我去照顾病中的公公，还是希望我再休息一阵子。

婆婆见"和女儿一样的媳妇"来了，忙说"这下我就放心了"。我坐下后，她接着问我："你在这里能住几周？"来之前父母要我再累也要坚持一个月，毕竟母亲在我产后调养期间照顾了我一个月，所以我觉得他们说得有道理。我思考过后说："妈，我先照顾两周。"我生孩子之前非常健康，产后调养期间身体也恢复得很快，所以才敢大胆说两周。虽然有父母的嘱托，但是没有丈夫在身边帮忙，我觉得照顾一个月会很艰难，所以折中为两周。

周日，我和丈夫去附近的超市买菜，简单打扫之后，将孩子的东西归置到丈夫住过的房间。丈夫当时是公众保健医师，星期一一大早就要去上班，我则留在婆家一边带孩子，一边照顾病中的公公。丈夫说："周六上午门诊结束后，我就回来。"

那是我人生第一次熬粥——我按照母亲的指导将米泡好后再进行熬煮，公公每顿都需要喝粥，一天下来要熬 5 次。我收拾行李的时候，母亲在一旁说，用熟米饭煮的粥和用泡过的生米熬的粥会因花的心思不同，导致味道也不同，她还叮嘱我："泡好的米一定要用香油炒过再熬。"

周一，我做了蔬菜粥、牛肉粥、菌菇粥、黑芝麻粥、虾粥等各式各样的粥；另外，我还要准备早餐、打扫房间、喂女儿喝奶、手洗尿布、准备午餐和晚餐，包揽各种家务。周二，每次我站着熬粥的时候，都觉得脚后跟像针扎一样疼。周三，炒米和切菜的时候，我感觉手腕像放在冰水里一样刺痛。周四，照顾公公吃完午饭后，我感到一阵难以忍受的困意袭来，当时我正在给孩子喂奶，孩子一吸奶，我的身体就像在火上烤的纸片，很快就要粉碎了，每次只能咬紧牙关忍痛起身。周五，我给孩子手洗尿布的时候流鼻血了，之所以用手洗，是因为母亲和婆婆都说这样比较好，但若说两者之间的差异，那就是母亲说完后会亲自洗，而婆婆只会在旁边看着我洗。

我感到眩晕和疲倦，做饭、打扫、喂奶、洗尿裤、煮婴儿衣服……琐事繁多，无暇休息，我很想念丈夫。婆婆白天在学校忙碌，回到家却只有心里很忙，家务上什么也帮不上。因为一直到丈夫上高中，她都是依靠保姆打理家务。我忘了那一周是怎么熬过来的，直到周六早上，我才感觉到稍微松了口气。

那天下午2点左右，丈夫回来了。婆婆见儿子回来，赶紧问他："吃饭了吗？"边说边用眼神示意我做饭。看到丈夫的那一刻，我开心地笑了。但我其实是脸上挂着笑，心里在落泪。因为我实在是太开心，也太累了。丈夫一看到我就拉着我的手要带我回房间，他的眼睛瞪得像铜铃一般大。

"你的脸色为什么这么差？怎么惨白得像个死人一样。"

"没事，就是有点儿累。"

"你在房间里躺着休息吧！"

丈夫生气了，他推门走进客厅，开始和婆婆小声交谈。我躺在卧室里给孩子喂完奶，小睡了片刻。后来我准备做晚饭，走出卧室，婆婆问我："怎么这么快就出来了，再休息一会儿吧。"我回答说："没事，我休息好了，这就去做晚饭。"

吃完晚饭，我们坐在客厅里喝茶，丈夫郑重其事地说：

"明天上午我们收拾行李回家，她刚坐完月子，好不容易才把身体调理好，不能再这么下去了。"

"那你父亲怎么办？他可是一天要喝5次粥的病人啊！"

"那就请母亲您自己看着办吧，她刚生完孩子又不是已经过了好几个月，这才一个月，不能再这么折腾下去了。"丈夫强忍着怒火说，而婆婆则看向了我。我说："我还是再待些日子吧。"但是丈夫紧接着说："妈，您可以雇保姆啊。她身子又不好，现在这样像话吗？"

公公手术之后，婆婆心里着急，所以不想放我走，于是她说："保姆有她做得好吗？粥每天都是熬新的，房间里打扫得也很干净。"

婆婆急不择言，但看了眼我和丈夫之后，又赶紧住嘴。那天晚上，丈夫将我抱在怀里跟我道歉："我真的对不起你，你别把我妈的话放在心上。她有口无心。"

周日吃完午饭，我们就收拾行李离开了天安婆家，回到了鸟致院娘家。父亲见到我不开心地说："让你坚持一个月，你怎么这就回来啦！"丈夫替举着空杯的我说道："岳父大人，结婚了就该亲自照顾自己的伴侣啊，我爸妈会雇保姆的，让儿媳来照顾不合适。岳母明明把她照顾得很好，我真是太惭愧了。"面对父母，我感到很愧疚，因为我是个没能坚持一个月的女儿。

女儿 4 岁的时候，小姑的孩子出生了。婆婆经常去小姑所在的月子中心，有一次我去看宝宝的时候，婆婆见到我特别开心。

"孩子啊，当初刚生完就去照顾你公公，你是怎么做到的？我这阵子在这边守着，坐月子可不是小事啊，身体恢复得很慢。你当初是剖宫产，应该更痛苦吧？生完才几个月就来照顾你公公，一定很累吧？"

"妈，当初我生完一个月就从鸟致院娘家赶过来了，不是几个月。"我笑着说。

"是吗？一个月？原来如此。"

婆婆用十分震惊的眼神看着我，然后握着我的手说："真的很感谢你，你真是辛苦了，谢谢。"

当初我才照顾公公一周就打包走人，离开的时候婆婆满脸不情愿地对我说"辛苦了"。那句"辛苦了"与其说是感谢，更像是抱怨，这让我觉得自己是个不孝媳。往事重现，当初难过到在心里落泪的心情再次涌现。直到三年后小姑生孩子，我才等来了这句发自内心的"你辛苦了"。幸好有小姑，幸好她生了孩子。

当初我照顾公公的时候，还没结婚的小姑也住在家里，她平时要去上班。然而，小姑并未出现在我照顾公公的那段记忆里。明明有女儿，却让像女儿一样的媳妇做事；明明可以请保姆，却觉得保姆做的不如像女儿一样的媳妇。

至今，我还记得那天从天安回家的路上对丈夫说的话："妈可能是看女儿坐月子很辛苦，才想起了我。人生真的是要经历过才知道啊！老公，虽然已经过去这么多年了，但能听到她对我说'辛苦了'，我真的好开心！"

正在开车的丈夫说："我至今记得你当时的脸色，真的惨白得像尸体一样。可是我妈却没看出来，所以我很生气。她是怎么做到的，我是说她怎么能那么自私。儿媳生完孩子才三十天，身体也不好，她为什么能视而不见。我现在想起当年的事情，还会觉得忍无可忍。"

我笑着说："这就是儿媳的待遇啊！"

丈夫目视前方说："谢谢你，一想到当年的事情，我真的……我永远和你站在一边。"

"你的感谢我先收下了。你放心，我早晚会让你加倍回报这份恩情的。"

如果仅凭一句话就能让儿媳妇变成女儿，那该有多好。如果一句"我爱你"就能代替爱的付出，那该有多好？如果甜蜜又好听的话，能创造魔法般的世界，那该有多好？然而我们都知道，这世上根本就没有魔法世界和童话世界。

我不相信别人说什么，我只相信别人做什么。我很早就将"我就当多了个女儿"这话赶出了我的人生。亲身经历告诉我，无论是丈夫、父母，还是子女，人与人之间的爱与尊重不是用语言，而是用行动来表达才能体现其真正的价值。爱、彼此相

爱的关系，以及因爱而凝聚在一起的家人，这些本应诞生于日
积月累的行动之中，但我们却太过轻易地用语言来表达爱意，
忘了要付诸行动。

　　——女儿啊！
　　亲身经历告诉我，无论是丈夫、父母，还是子女，
　　人与人之间的爱与尊重不是用语言，而是用行动来表达才
能体现其真正价值。
　　爱、彼此相爱的关系，以及因爱而凝聚在一起的家人，
　　这些本应诞生于日积月累的行动之中，
　　但我们却太过轻易地用语言来表达爱，忘了要付诸行动。

公公婆婆的叮嘱

女儿 2 岁那年，正是蹒跚学步、调皮可爱的时候。周末我们一起去婆家参加公公的生日聚会，正在做住院医师的丈夫也久违地抽出时间与我们同去。我收拾好行李后便做了满满一桌菜，一家人开始吃饭。周六晚上，大家都吃得十分开心，曾经是教导主任的公公对儿女讲了一些叮嘱的话。

公公先以"感谢你们为我准备这桌饭菜"为开场白，接着看着自己的儿子，也就是我丈夫，说："虽然这将会是一条艰辛的路，但希望你能成为专业领域里获得至高赞誉的医生。"丈夫敷衍地点着头，而我正在给女儿挑鱼刺。女儿手扶着摆满了菜的方形餐桌，一边扭动着屁股跳舞，一边吃饭。公公只说话不动筷子，反倒是女儿吃得很开心。烤牛肉、什锦炒菜、青花鱼……女儿一边狼吞虎咽地吃着桌上的菜，一边轻轻摆动着屁股。

公公叮嘱完丈夫，将视线转向小姑："现在这个时代，女性也有其社会角色，希望你不要犹豫不决，尽快找准自己的定位，努力从合同工转为正式员工。"小姑毕业后就在天安市政府工作，那时她已经工作了七年多。婆婆叮嘱公公："你要好好保重身体。"然后转向我说："媳妇，你辛苦了，谢谢你。希望你能好好带孩子，让她健康成长。"公公的一席话结束后，我们大家才开心地开始吃饭。我们祝贺公公的生日，点燃生日蜡烛，唱起生日歌，然后一起看着他吹灭蜡烛。尽管过程简单，但是家人们能够聚在一起，一起吃饭、聊天，最后各自回房休息。

第二天一大早，我起床煮了海带汤。前一天晚上婆婆收拾完餐桌，便说："明天早上吃什么？过生日还是要吃海带汤吧。"婚后三年，我已经完全适应了婆家的生活节奏。煮完海带汤，吃完早饭，我带着女儿和婆婆一起去了教堂。午餐，给喜欢吃面条的公公煮了刀削面，饭后我把削好的苹果作为餐后甜点。此时公公又开始叮嘱儿女，当时觉得公公已经上了年纪，但现在想来也不过 60 岁出头。

　　公公先是看向丈夫，十分强势地说："要想成为一名优秀的医生，你要具备许多能力。也就是说你要不懈地努力，不要虚度光阴。"然后他讲述了天安的一位优秀内科医生的事例，他说那位医生与众不同，对患者亲和，且有高深的学识，因此来找他看病的患者络绎不绝。公公大概讲了 10 分钟。女儿在一旁乖巧地吃着被削成薄片的苹果，她见爷爷一直在讲话，甚至忍不住要把苹果塞到爷爷嘴里。婆婆也在一旁帮腔，她顺着公公的话补充了起来，指导自己的儿子该过怎样的人生。小姑本来在一旁安静地坐着，此时她转过身，看向窗外。女儿则时不时地耍宝逗乐，每次我都尴尬得不知道是该放着她闹，还是拦住让她安静点。

　　两位长辈叮嘱完儿子，开始叮嘱自己的女儿："现在啊，女人进入职场是趋势。不然谁养你啊？对女人来说，现在这个时代最重要的就是自立自强，成为自信的女性。可不能像以前那样随便上个班，结婚以后就辞掉工作，那可是要出大事的。天下没有免费的午餐，如果你委身于他人生活，终将落得一身狼狈。所以你要认真对待人生，不能想着先以合同工的身份得过且过，混到结婚。"接着，公公似乎是在等待答复，盯着自己女儿的脸问道，"听懂了吗？"婆婆打断他的话，十分担忧地对女儿说："就是，你要记住你父亲说的话。这世上的男人都十分狡诈，你要再多学点儿东西。"

我心想，两位都是有学识的人，就是不一样。时代确实变了，现在的女性已经不像过去那样，仅凭着结婚、生育、抚养孩子过一辈子。公公看向我说："我有话想对好儿媳说。我知道你是一个认真对待所有事情的人，可是如果女人只关注工作，却错过了重要的事情，有什么意义呢？孩子还这么小，而且只生一个就行了吗？得生两个啊！你又不是在赚什么大钱，要把家庭放在首位，怎么能把你的欲望放在首位呢？我希望你能更加重视家庭！"婆婆也点头附和道："就是啊，家庭当然是第一位的。"而丈夫则把头埋得很深。

"多亏了你，我的生日过得很开心。你们路上小心，到家给我们打电话。"临走前我把公婆的话抛到脑后，坐上回家的车。丈夫见我不说话，一直在旁边观察我的脸色。我无话可说，虽然那番话不是出自丈夫之口，但是毕竟他刚才只是坐在一旁默不作声，这让我十分在意。

无论是现在还是过去，丈夫一直是个善良的人，而且也是个孝子，他不会轻易打断父母的话，即便有不同的看法也不会表现出来。用他的话来说就是"听完就忘了"。因为如果与他们辩驳，情况就会变得很复杂，那么婆婆的心里就会不舒服。如今我也同意这个策略不错，可是我没有在那个家里长大，所以我需要获得应对这种情况的免疫力，否则只会让自己感到惊慌失措。

回家的路上，一直安静开车的我率先打破了沉默。

"老公，真的好神奇。他们屁股都还没抬起来，就当场推翻了自己说过的话，我竟一下子不知道哪句话才是他们的真心话。我是说，到底哪句话才更有逻辑呢？"

"你就当这是既担心卖伞儿子，又担心卖草鞋儿子的老太太的故事吧，人的想法总在一念之间。"丈夫有气无力地说。

"这两件事情能一样吗？你说的故事里，两个都是自己的儿子，所以才左右为难；可我是媳妇，所以他们不在乎让我一辈子在家做老妈子。你也是很奇怪，竟然拿如此不匹配的故事来对比。你觉得自己说得对吗？你这是见风使舵。"愤怒之下我的语速变得很快。

"我可能是疯了。我怕不是听多了离谱的话，想法才变得如此奇怪。我为什么会这样呢？看来我真的是疯了。你说对吧，老婆？"丈夫不停地用手拍打自己的嘴巴。

　　我现在已经记不清，当时因为丈夫的这一行为，我们笑了多久。事实上，一开始，对于他的父母在同一个场合下说出截然相反的话，丈夫也觉得很难接受。在我开口之前，他绞尽脑汁地猜测我会说什么，以及如何应对我的话，却没想到直接被我抓个正着。丈夫把手放在我的肩膀上，爽朗地说："老婆，你是相信我的吧？我绝不是那种人。你信我一回吧，真的。"

　　我笑逐颜开："好，我就相信你。虽然不知道你会不会从背后插我一刀，但我相信你。"

　　我相信的不是丈夫的话，而是他的行动。我第一次找工作的时候，丈夫开车送我，和我一起等待结果，帮我制作简历，帮我找公司，在面试场外照看孩子。能够让我信任的只有他的行动。

　　在同一个场合下，公婆对我和小姑说了截然相反的话。他们对我说"如果女人只关注工作，却错过了重要的事情，有什么意义呢"，然而，他们却对小姑说"现在这个时代，最重要的是成为自信的女性"，还说"人生没有谁是靠得住的。如果你委身于他人生活，终将落得一身狼狈"。虽然这些道理既有普遍性又有典型性，但是当时婆家给我的感觉就是，公婆在我与他们之间画了一道看不见的分界线。

无论是生育还是工作，
我想做的时候才是"最佳时机"

22 年前，我把孩子带在身边工作，每次给婆家打电话问候，他们都要问正在做住院医师的丈夫是否经常回家。公婆听我说完"偶尔晚上回来拿衣服，第二天一早就走"之后，会先说一句："他这么累可怎么办啊……"接着又一副很随意的样子，"这么下去什么时候才能生二胎啊，搞不好就要错过生孩子的时机啊！"

婆婆退休之后，给我打电话的频率变得更高。通常她问完自己的孙女过得如何，就会不经意地说："家里得有两个孩子，老大才不会孤单啊！"接着又说，"哪怕不是儿子，也得生两个孩子啊。你们不生二胎吗？打算什么时候生啊？"如果我说："妈，是该生两个啊。但我也得能见到我丈夫啊！"婆婆又会呵呵笑着挂掉电话。

虽然生孩子和养孩子都很辛苦，但我更过意不去的是女儿孤单一个人。我的两个姐姐都生了一双儿女，虽然育儿的过程很累，可我依然很羡慕她们。父亲说："你不能让他们家断子绝孙啊，再辛苦也要尽到儿媳妇的责任。"母亲则在一旁说道："是啊，这个最重要。咱们先不论只生一个，好还是不好，可你要知道生孩子也是有最佳年龄的！"

生儿子这套说辞我从小听到大，没想到婚后还要同时听婆家和娘家念叨，可我心里再怎么窝火，也早已下定决心：不管是儿子还是女儿，早晚要再生一个。当时，我只在心里做了准备。

公司的订单增多了。我所在的公司开始生产摩托车骑行服之后，欧洲客户就像回家一样频繁来访，因此制版作业量和样衣制作需求也变得比以前更多。工作量逐渐增大，有 20 年工作经验的专业制版师摇摇头，他表示自己只负责皮具生产，让公司另行聘请摩托车骑行服制版师，然后就退出了项目。当时我负责的是难度较低的皮具制版和服装放码工作，室长问我是否愿意尝试摩托车骑行服制版，我毫不犹豫地答应了。那年我刚参加工作。

公司的室长不仅负责管理制版组，还负责与日本客户的业务对接。通常，当他与欧洲设计师讨论样衣修改时遇到沟通障碍，就会来设计室找我帮忙。我和欧洲设计师的母语都不是英语，因此，每当他想看修改过的服装样板时，我们都不顾英语水平如何，简单地堆砌英语单词进行沟通。就是用这种简单直接的沟通方式，一版一版地讨论修改了服装样板。

没过多久，室长问我要不要接受与一家外国小公司洽谈的工作，我想都没想就一口答应，投入了新的业务中。这家小公司就是荷兰的摩托车骑行服品牌锐飞特（REV'IT），当时它还是一家年轻的企业，如今后来者居上，已经成为欧洲市场的领军企业。

我和这家公司的总裁是同龄人，还记得我们去中国出差的时候一起喝酒，畅聊人生到深夜。

与客户洽谈、确认服装样式、推荐服装辅料、对样板修改进行提案、确定单价、调整生产日程，这些我从未接触过的工作让我受益良多。由于客户想要全新的设计风格，我和设计师一起为了开发新产品不断沟通。就这样，制版工作成为我的跳板，让我一脚踏入了与业务相关的工作。那年我在事业上雄心勃勃。

新工作让我的每一天都充满挑战，此时我接到了首尔的一家专业设计学院（原首尔裁剪师学院，现更名为种子制版学院）室长打来的电话。原来一所位于我娘家鸟致院附近的服装设计大学，正在招聘负责服装电脑制版和放码¹课程的老师，但是他们一直找不到学历和资历兼备的人，后来辗转通过首尔专业学院的室长找到了我。那时候我每星期都工作六天，不确定自己是否适合在大学教课。正犹豫间，我接到了系主任的电话，他说学校里准备了设计室并配置了40台电脑，但苦于找不到授课老师，眼看着开课无望，所以他们请求我能跟公司商量一下让我每周六去教课。我能从电话里感受到系主任想要招到合适老师的迫切。

在那之前，公司照顾我把孩子接来身边抚养，而为我调整了上下班时间。所以起初我不知该如何开口，但最终我还是将骑行服制版和业务对接等一大堆工作交给了室长，问他我周六是否可以出差。室长看着我，沉默了半晌。我补充道："室长！我们公司的设计室不也曾经空置一年多吗？如果您答应我的请求，我保证不会在工作上出现任何问题。请您帮我跟社长好好

1　服装设计领域术语，也叫推档。——编者注

说说。"室长回答："这……可不是件容易的事情啊……毕竟不是请假一小时，而是整个周六，不知道这事能不能成。总之我会去试一试。"

那时在公司里，只有曾做过英语老师的理事、业务课长，以及贸易部门新入职的女职员读过大学。理事曾当过英语老师，每到下午，他总是会来到位于公司一角被玻璃包围的设计室。他会一边品尝我精心调制的香甜速溶咖啡和苏打饼干，一边看着"吱吱"作响的制版打印机吐出的无数张纸样。

我刚在上午向室长提出了请求，下午理事就过来喝咖啡了。他一边品尝着甜甜的咖啡，一边低声说道："教书真是件美好的事情！在一个全新的领域里教学，那感觉非常愉快。虽然现在的生活也不错，但我还是怀念教英语的时光。"理事通常会走访各个部门，然后以平和的语调安排和确认工作，只有在设计室，他可以稍作休息，不必再安排工作。在公司里，和理事交谈最多的人，就是社长。

几天后，社长叫我去他的办公室。我进去的时候，财务部部长正对着展开的财务账本进行详细说明。社长跟他说："你一会儿再来，这里好像不太对。"精通数学的社长看着我，请我进会客室。随后，社长招待我喝茶，开口道："你想周六去大学讲课？"

"是的，我娘家附近的专科学校正在招聘教电脑制版的老师。他们一直找不到既有学历又有资历的老师，多方打听联系到我。如果您能同意，我想去试试。"

社长喝着绿茶，再次说道："你真的很不寻常。明明丈夫是医生，本可以在家带女儿，再过几年等女儿上学了，日子就轻松了，为什么非要出来受这个罪？"

"我是我，丈夫是丈夫。我觉得工作很有趣。"

听了我的回答，社长瞪圆眼睛凝视着我。

"我第一次接触摩托车骑行服就是在这里，在这之前我没有在学校学过或者看过这样东西。如今我能做出从没学过的衣服，甚至还将它出口到全世界，这让我感到非常不可思议。有一件事我很好奇，可以向您请教吗？"

社长笑容满面地点点头。

"我很想知道，当初您是如何创立这家生产特殊服装的公司的？甚至与日本、欧洲以及美国的客户建立了合作。"

我的问题勾起了社长的回忆，他讲起了自己的年轻时光："我从小家境贫寒，便进入皮具工厂做助手……"

社长告诉我，当时他在工厂负责整理账本和会计工作，后来工厂快倒闭了，于是他就用自己的积蓄收购了工厂。就这样，工厂从一家专为日本公司制作摩托车骑行服的企业起步,克服了无数困难与艰辛,发展到今天的规模。讲起这段往事的时候,社长的眼睛在发光。他将自己的人生压缩在了这一个多小时里,故事结束后他对我说:"你说周六想去教书,那就用心去做吧,但可不能影响工作啊!"

就这样,我一边在服装企业工作,一边在大学教书。那年我有了新工作,在获得机会之后,我努力抓住了它。

听说我要去大学讲课后,公婆对我说:"你只是教课,却没有准备生二胎,这怎么行?"他们担心我因为工作忙碌而无暇顾及生二胎,每次打电话,每次我带女儿去婆家,他们总会提及"适孕期"和"最佳生育时机"。我的母亲也对我说:"如果身体太累,怎么能怀孕呢?如果你们和孩子的年龄差距太大,将会非常困难,不仅抚养孩子很艰难,你自己也会感到疲惫。"而父亲则说:"你既然出嫁了,应该要生孩子,给人家延续香火,这是你作为媳妇的首要任务和本分。一切都有其恰当的时机,一定不要错过。"无论是我父母还是公婆,他们都在反复强调"最佳生育时机"。

回想起来,虽然长辈们当时说那些话是因为担心我,但他们的话中却充满了父权文化的强制与压迫。无论是"生育时机"还是"工作时机",最佳时机应该是"我想做的时候",然而,长辈们却过于急切。

我偶尔会和外甥见面,"你到底准备什么时候结婚,再这么下去会错过时机的",我也会不自觉地说出类似的话,每当此时我都对自己感到惊讶。文化非常可怕,不知不觉间耳濡目染的东西也非常可怕。

这么多年以来,我暗下决心自己掌控人生,对于长辈的"时机论"也总是奉行"左耳进右耳出"的原则,但如今我自己却在大谈"时机论"。只要一想到将来有一天,我可能也会在自己的子女耳边唠叨"工作时机"和"生育时机",我就会提醒自己要谨慎思考、谨言慎行,时刻牢记自己过去曾经历过什么。

　　——女儿啊,
　　所有事情的最佳时机,都是你想去做的时候,
　　我希望你能找到自己的最佳时机。

　　我这一代人被家庭义务、母亲的牺牲和爱的名义绑架,
　　所以我在辛苦兼顾工作和育儿的同时,一直承受着所谓

"最佳生育时机"的压迫与传宗接代的压力，

　　这使得我必须要放弃我想要的时机和工作，经受着精神折磨，

　　所以一直以来我都充满了负罪感，觉得自己是一个没有牺牲精神的母亲、一个未尽到本分的媳妇。

　　当我开始回顾自己走过的路，

　　我才发现，无论我结婚与否、生不生小孩、拼命工作，还是只把工作当兴趣轻松对待，

　　所有事情的最佳时机都是我想去做的时候。

　　女儿的婚礼本来定在 5 月初，但新冠肺炎疫情期间政府出台了保持社交距离的政策，因此女儿的婚礼被推迟了。当女儿和准女婿过来与我们商议婚礼日程的时候，我和丈夫提议 9 月，可他们却说希望尽早完婚。我知道无论何时，我该做的唯有祝福。我只希望能在女儿想要的时机，为她举行一场幸福的婚礼。

　　我偶尔会和外甥见面，

　　"你到底准备什么时候结婚，再这么下去会错过时机的"，

　　我也会不自觉地说出类似的话，每当此时我都对自己感到

惊讶。

文化非常可怕，

不知不觉间耳濡目染的东西也非常可怕。

提醒自己要谨慎思考、谨言慎行，

时刻牢记自己过去曾经历过什么。

亲家母，她如此挥霍无度，我很担心啊

2001 年 1 月，我们全家计划一起去旅行。我选好中国张家界的旅游产品之后，询问父亲是否同去。他毫不犹豫地接受了我的提议。挂下电话，我联系了婆婆，她的答复是："去日本还可以考虑，别的地方就不去了。"

我的父母都非常热爱旅行，只要是我们子女说想去哪里玩儿，他们从未拒绝过。不论是国内还是国外，是著名景点或者不那么出名的地方，只要我们提议，他们就会立刻准备出发，而且十分享受旅途中的一切食物。

父亲曾是一名军人，母亲曾跟随父亲去他的驻地，在不同地方生下了我们几个孩子——大姐生在春川市附近，二姐生在金海市附近，而我生在江原道横城郡附近。所以从年轻时起，父母就习惯了无论喜欢与否，都在各地奔波的生活。

或许因为此，我的父母非常热爱旅行，并且他们随时准备好与孩子们共度时光。他们在曾经种植苹果树的农地上盖房子，还亲手在菜园中种植各种蔬菜，每个周末、每个季节都盼着孩子们回家。春天，他们会从阳光充沛的山坡上采摘艾草，精心制作艾草糕等待我们回家；盛夏时节，他们会准备满是冰块的清爽豆汁，期待我们回来品尝豆汁面；夏末，他们会蒸一锅微咸的糯玉米；到了秋天，他们会打包满满一箱新鲜的土豆和地瓜，等待我们回家提走。

这样的父母怎么会拒绝一起去旅游的提议呢？我的父母始终遵循"绝不让嫁出去的女儿承担任何费用"的原则，因此几个女儿轮流安排家族旅行的时候，他们总是会承担所有经费。父亲会在旅行之前确认好行程表上旅行产品的费用，然后提前把钱汇至女儿的账户。

父母的经济自由对儿女来说是一种福气。我的父母看着眼前张家界和袁家界的景色，十分满足，他们感叹道："原来中国水墨画上描绘的景象都是真的！能来这里欣赏真的太好了！"听完这话，我突然对公婆感到很抱歉，那愧疚就像是浮标一样始终放不下。

那年夏天，我按照婆婆之前说过的话，制订了日本旅行计划。我规划了一条日本探访路线，目的地是有"日本的阿尔卑斯山"之称的立山古村（立山黑部阿尔卑斯山脉—黑部峡谷—白川乡合掌村—水明馆温泉旅馆—白马东急酒店），心想着婆婆会喜欢。因为是和公婆一起旅行，所以犹豫再三，我还是选择了高价位的旅游产品。

我告诉母亲我们计划和公婆一起去日本旅行，母亲羡慕地说："我也没有去过日本……他们应该会喜欢。你们去几天？"我答道："五天四夜。妈，你要不要一起去？是跟团，不是自由行，要一起去吗？"听完我的话，母亲十分开心："我和你父亲商量一下。"当天我就得到了母亲的答复："你父亲说非常想去日本，我们也会同去。"我说："妈，这次的团有点儿贵。酒店很好，没有购物点，吃得也很好。"母亲听完说道："钱这东西，生不带来，死不带去，别担心。"话虽如此，但我还是感到了莫名的歉疚。

我跟丈夫说要带公婆去日本旅行，他听完非常开心，然后立刻起身打开电脑确认存款余额，接着问我每人需要多少经费。我说毕竟是带父母旅游，而且考虑到婆婆比较挑剔，所以选择了价位高的产品，丈夫起初说有点儿贵，接着又说："我相信你选择的一定是最好的。"公婆加上我们一家四口的旅行费用是一笔不小的开销，但是数字很重要吗？长辈们为了全家的幸福劳心劳力，而且大家一起从美好的事物中感受幸福这件事，是无法用金钱来衡量的。

最后同去的共有 8 人，在旅行大巴上，公公和我父亲、婆婆和我母亲结伴坐在一起，聊着各种话题。旅行团一共有 16 个人，除了我们家 8 口人，还有 4 对 50 多岁的夫妻，一路上大家都很开心。我们穿上温泉旅馆的浴衣，品尝传统日本料理，早晚各泡一次温泉。

旅行团里的阿姨一度混淆了我是谁的女儿，直到旅行快结束时，才终于分清我的母亲和婆婆各是何人。整个旅程欢笑不断，十分愉快。我的父亲和公公都曾经历过朝鲜日据时期，所以他们沿途都在仔细观察日本的文化、饮食和建筑，用餐时，他们会搭配些许酒水，畅谈过去的苦难历史和职场生涯。而我的母亲和婆婆则敞开心扉，聊起了过去养育子女的艰辛岁月。

就在五天四夜的旅行快结束时，婆婆凑近我说："真好啊！托你的福，我才能欣赏到这么美好的景色！"

"看您这么开心，我也很开心。我也是第一次来这里，觉得一切都很棒。无论是山景、酒店，还是这里的美食。"

话音刚落，婆婆小声问我："话说回来，这次出来玩儿是不是花了很多钱？"

"是啊，但您别担心，我们俩都能赚钱。"

婆婆再次小声确认："我是说你父母的钱是谁出的？"

我心想，原来她是想知道这个，于是笑着回答："跟以前一样，我父母已经把钱转给我了。"

"原来如此，是该如此，你们哪有什么钱。"

婆婆这才眉开眼笑地回到了我母亲身边同她聊天。

旅行结束后，大家回到各自的家中。两周后，我去娘家参加家庭聚会，母亲忧心忡忡地问我："你婆婆很担心你啊，她觉得你花钱大手大脚的。"

我反问道："妈，这话是什么意思？"

"我是说，上次旅行你婆婆跟我说：'亲家母，她如此挥霍无度，我很担心啊！'所以我怕她以为我和你爸爸的钱也是你出的……怕他们误会才跟你提起这事。"

见母亲说话吞吞吐吐的，我的脸涨得通红，不由得怒火中烧。

"妈，你别担心。她这是什么话，什么叫挥霍无度？她既然知道你跟爸自己掏钱旅行，还说什么挥霍无度！原本你们俩的钱也该我们来出的！更何况你们自己出钱这事，我反而感到很过意不去啊！"

母亲是担心婆家误以为他们的费用也是我出的，所以才跑来跟我确认。想起上次婆婆小心翼翼地向我提出的问题，我感到很伤心。

我对着丈夫大发雷霆，即便那些话明明不是丈夫说的，可我依然很生气，同时也对娘家感到深深的愧疚。

婚后每当遇到这种情况，我总会想到集合图像。两个圆形或重叠或分离，又或是一个圆形嵌套在另一个圆形里面。公婆在和他们的子女、孙子，还有我在一起的时候，言辞中总是将我置于圆的外侧；然而到了我父母面前，他们又会将我纳入圆内。他们只考虑自己的便利，反复地将我拉入和推出他们的圆形世界，时而与我亲近，时而又将我排斥在外。当他们强调我们是经济共同体的时候，就会将我拉进他们的圈子；然而当他们不需要人手帮忙的时候，又会将我推开，保持适当的距离。

从日本旅行归来，我们花了相当长的时间才将存折里的负数填平。但即便如此，我也不后悔那次日本之旅。

次年夏天，也就是 2011 年，我又带着公婆去土耳其旅行。制订旅行计划时，我对丈夫说："我本来想趁这次机会用我自己的钱带父母旅行，结果你猜怎么着？我二姐已经带他们去过土耳其了。二姐这么勤快，倒是给你赚到了。既然他们觉得我挥霍无度，那我就要活得更潇洒些。但是话说回来，咱们要是提议一起旅行，你父母应该还是会很高兴，不知道他们这次会不会收回之前说我挥霍无度的评价。"

听完我的话，丈夫开心地笑了："你哪有挥霍无度，这世上带着父母旅行，还要被如此评价的人，也就只有你了。对不起，我会好好待你的。"

2014 年 1 月，我计划去柬埔寨旅行。公公已经去过了，所以这次旅行只有婆婆同去。我给父母打电话，母亲在电话里支支吾吾的，欲言又止。母亲把电话从耳边拿开，我听到电话那头她问父亲："老公，老三说要带咱们去柬埔寨，你去吗？"

父亲答道："你让她带公公婆婆去吧，我等他们到美国，去美国瞧瞧。"

母亲十分遗憾地对我说："你父亲这次不去，他说等你去美国以后，再去美国看看。"

"妈，柬埔寨的吴哥窟也很好。一起去吧，一码归一码，美国是美国，你不想去柬埔寨吗？"

"你带公婆去就好，我们下次再去。"

放下电话，我感到很难过。关于婆婆对我做出的毫无意义的评价，父亲很是在意。

更令人难过的是，我去美国进修的第三个月，得知父亲确诊得了肺癌。在与病魔斗争了三个月后，也就是 2015 年 2 月，父亲去世了。他还没能去美国参观，就永远地离开了我们。

"你父亲为了去美国，专门存了几千万[1]的旅行经费，说是去了美国要大大方方地花钱。他为了存这笔钱，从不理会我跟他要钱买东西的要求。"至今母亲一提起当年的那件事，还是会伤心落泪，"你父亲整天念叨着老三在美国，要去看看，要去疆域广阔的美国参观，没想到却带着遗憾走了。"

我难以想象父亲一点一点地将微薄的房租和存款利息攒起来，畅想去美国大方花钱时，是怎样的心情。父亲就因为不想再听到别人对我做出所谓"挥霍无度"的刺耳评价，为了去美国花钱时不被人议论，曾经努力地一点一点攒钱。

1　根据 2014 年汇率，1000 万韩币约为 57000 元人民币。——译者注

一切都已成为过去。无论怎样，那次带着双方父母一起去日本的旅行，无疑是充满愉快回忆的幸福时光：我的母亲、父亲、婆婆、公公，还有我们全家，我们一起欣赏了万年雪，体验了户外温泉。在白川乡合掌村时，父亲在烈日炎炎下买来冰激凌，大家一起享用着不断融化的冰激凌，这些回忆都像照片一样，深深烙印在我的心中。

那次日本旅行，我们以万年雪为背景一起拍了家族合影，那张照片仿佛在诉说着，我们的父母很幸福，他们深爱的孩子，也就是我们夫妻俩依然年轻且相爱，而我们的一双儿女非常可爱。我们一家站在日本的万年雪前，许下了希望全家人都能如永恒积雪一般永远幸福的心愿。

照片中，我们不是谁的儿子，也不是谁的女儿，而是被爱维系在一起的幸福一家。无论之前曾有过怎样的闲言碎语，或者产生过什么矛盾，能和父母一起旅行都是件美好的事情。无论是父母曾与我们共度的时光，还是我们见证着父母的衰老和儿女的成长，能够彼此陪伴就是一件很美好的事情。

不听劝的顽固媳妇

2001 年秋天，我参加了博士入学考试。那时头脑的灵活度已经大不如前，毕竟 35 岁不算年轻了。当时我在写字楼里租了办公室用作个人设计学院的教室，用每个月在大学做兼职教授赚来的课时费来支付房租，又用收到的学费支付儿子育儿嫂的工资。

当听到我要去读博士的时候，婆婆叹着气说道："你靠课时费和学费赚点儿零用钱，好好带孩子就行了，读什么博士？满大街都是博士，处处都是兼职教授。你自己辛苦不说，还得拉着孩子和老公一起受罪。"

我开始读博后，婆婆为了照顾孩子，每周会在我家住两三天。有时候丈夫值夜班，晚上家里没人带孩子，婆婆不顾路途遥远，背着行囊专程从天安赶来大田。

公公也曾一边做小学老师，一边辛勤攻读并拿下了硕士学位，然而，他并不看好我的选择，他说："大学里多的是兼职教授，你何苦承受攻读博士学位的压力呢？"公婆的担忧有其道理。当时，大学已经培养出了数不胜数的博士，基础课和专业课正在成倍增加，教师的数量已经饱和。然而，得到教授职位却难如骆驼过针孔，因此大学老师和在读博士生们都说，成为大学教授是天赐的恩惠。甚至还有无法证实的传言——有人为了得到教授职位，捐赠了几亿韩币。因此，在这种情况下，公婆对我攻读博士持消极看法也就不足为奇了。

丈夫试图说服公婆："相比于从事普通职业，投资于未来的可能性不是更好吗？"然而，公婆并不接受这种观点，他们认为假期没有工资，能否上课还得看教授是否给机会，一切都充满不确定性。在这样的事情上花费心思和金钱，到头来受苦的只有孩子。每次孩子感冒，或者家里的小菜吃完了，婆婆都会喃喃自语："这么费劲去当个兼职教授，真是的！你和孩子都在受罪！"

如果说职场生活是百米赛跑，那么博士课程就是在汗蒸房里展开的百米赛跑。我早上 7 点去语言学校学英语，8 点到达实验室，先化个淡妆，然后一直在实验室待到下午 5 点，接着回到车程 10 分钟的家中准备晚饭，和孩子、婆婆一起吃完晚饭后，晚上 8 点再回到实验室待到凌晨 1 点，这期间还要做许多事，比如整理研究笔记、撰写研究论文、准备学术发表、准备实验和讲义等。每次忙完，连我自己都怀疑是靠什么在支撑。

婆婆见我早起赶去学英语，对我说："唉，你这么累可怎么办呢？"接着又说，"酱黄豆、炒银鱼，还有孩子们喜欢吃的辣炒鱿鱼都吃完了。"因为孩子们不喜欢吃育儿嫂做的配菜，所以做饭的家务总是落到我的头上，每个季度我都会腌制辛奇[1]，制作凉拌菜。

2006 年 2 月，我将博士论文交付印刷后便待在家中。婆婆问我："你接下来有什么打算？大学会有空缺吗？即使你辛苦读书，但满大街都是博士，兼职教授也多如牛毛。"

"妈，我准备去研究院读博士后。"

1　2021 年 7 月，韩国文化体育观光部提出并在国内施行《公共术语的外语译名规范》，正式将韩国泡菜的标准中文译名变更为"辛奇"。——译者注

　　婆婆听完我的回答，惊讶地瞪大眼睛问我："那是什么？不是读完博士就结束了吗？博士后是什么？"

　　"就是一边领薪水，一边做研究。"

　　"服装学博士能进研究院吗？"婆婆对此感到非常好奇。

　　"是的。在韩国电子通信研究院里我可能是第一个服装学博士……现在有一个团队接收我，所以我很快就要过去了。"

　　记得当时婆婆对此感到非常惊讶，因为过去那个做衣服的媳妇竟然要到有名的研究院工作了。取得博士学位后，我只休息了一个月，就进入了博士后阶段。我是第一个以服装学博士的身份进入韩国电子通信研究院博士后课程的人。唯一遗憾的是，研究时间太短了（六个月后我便进入大学工作）。

　　进入韩国电子通信研究院的优健康管理团队后，我的工作是制作心电检测服。当我穿上自己制作的心电检测服进行测试时，检测数据清晰地显示我心律不齐，当时整个团队都为这宝贵的数据资料而雀跃。正在开发的可穿戴式心电传感服却向我发出信号，要我"赶紧回家休息"，可是组员们却说优健康管理服成功证明了其存在的必要性和合理性，还兴高采烈地组织了聚餐。在博士课程的压力和繁重的博士后工作的压迫下，我的心脏发出了请求休息的呐喊，真是一段悲伤的回忆。

去年[1]5月初，公婆来群山的家中做客。庭院里已是春花落、夏花开，我和年过八十的婆婆牵手坐在院子里聊了很久关于花的故事。那些公婆曾经说过的话，突然从我的内心深处涌了上来，我心想明明我们现在能够轻松地坐在一起笑谈季节变换，以及家人们的幸福与日常，为什么当初他们要用那些如今自己也不记得的话来伤害我。一直以来，我光是应对人生里的挑战就已经疲惫不堪，而他们说过的那些不经意的话，不仅否定了我的挑战，更是将我逼进了更为艰难的挑战之中。甚至他们未曾想过，那些轻飘飘的言辞竟激起了我内心深处那些无可言说的悲伤、恐惧和焦虑。

写下这段文字的时候，悲伤再次向我袭来。为什么当初公公婆婆说出那种话的时候，我只是用尴尬的微笑回应，却从未正面回应过他们呢？我为什么那么做呢？

在写下这些文字后，我花了几周时间去思考。当我仔细地回想起来，我发现婆婆其实是在担心我！她担心我睡眠不足、超负荷工作，总是忙个不停。这些回忆让我明白，她真正担心的是我，以及那两个眼中只有我、总是在思念着我的孩子。事

实上，她的话语里总是充满了对我的担忧，而对自己儿子和孙子、孙女的担忧都只是附加项。然而，我却只听到了她对孩子们和我丈夫的担忧，我似乎用橡皮擦擦掉了、用剪刀剪掉了她担忧我的那部分一样。我误将她的担忧解读为无关紧要的唠叨，以及对待女儿一样的儿媳妇的责备。

这段文字点醒了我，原来我是个胆小鬼。不仅如此，我还是个不听劝的顽固媳妇。当初无法表达自己想法的我，到底是在害怕什么？到底是怎样的想法和心境让我将自己的口和心锁了起来？"妈，我太累了，小菜我打算去商店买""萝卜缨辛奇我会在商店买""我太累了，周六想多睡会儿""妈，我今天太累了，晚上咱们出去吃，我请你们吃好吃的"，我本可以像这样讲出来，可为什么当初连这么简单的话都说不出来呢？毕竟哪怕我说了这些话，婆婆也不会无情地回应"不行，你必须全部做完"。为什么当初我什么也没有讲，只是憋在心里让自己饱受折磨呢？

在那个年代，人们并没有将育儿视作一种社会责任。公婆退休后本该颐养天年，可他们却要扛起照顾孩子的重担，所以他们不过是将苦闷的心情倾诉出来而已。同理，我无法依靠任何人，除了他们我无法将孩子交给其他人，所以我不能责备或是怨恨他们。我抚养孩子的年代与现在不同，那个时候公共育儿设施并不像公路和基站一样密集，也不像水电这样的城市基础设施般普遍，那时所有的孩子、家长、爷爷奶奶都在压力下生活。而这个问题至今仍未得到解决。

每个人的一生都伴随着痛苦、悲伤和苦难，没有人能永远幸福。正因为有了痛苦和悲伤，我们的幸福才变得更为闪耀；因为曾经拥有过幸福，我们才能忍受住痛苦。然而尽管如此，我还是希望我的乖巧女儿，单纯、善良、比任何人都更有耐心的女儿，能够度过幸福顺遂的一生。我当然希望女儿的人生中没有那些需要左耳进右耳出的话语，但更重要的是，我希望她在想说话时不胆怯，能够沉着地、不惹人误解地将自己的想法表达出来。我希望她不要像我一样胆小，不要变成一个嘴巴紧闭、固执己见之人。我活到现在才明白，真正的家人是那些即使对彼此说出了难听的话后，还能继续相处的人。现在我只想对我亲爱的女儿说，不要学我这个胆小又固执己见的妈妈。

——女儿啊！
希望我的乖巧女儿，

单纯、善良、比任何人都更有耐心的女儿，

能够度过幸福顺遂的一生。

我当然希望女儿的人生中没有那些需要左耳进右耳出的

话语，

但更重要的是，我希望她在想说话时不胆怯，

能够沉着地、不惹人误解地将自己的想法表达出来。

我希望她不要像我一样胆小，

不要变成一个嘴巴紧闭、固执己见之人。

忠于文化的婆婆

2018 年，儿子在读高一，正在找工作的女儿曾带着外婆来群山。因为我母亲无法独自乘坐高铁，女儿便牵着她的手，笑容满面地带着自己的外婆回到群山家中。母亲和女儿在家里住了三天两夜之后就离开了，我则在周六的下午去益山接了在那里度周末的儿子。

我对儿子说："你姐姐带着外婆来过家里。"

"是吗？"儿子点了点头。

"周二，你姐姐和外婆一起坐车到益山站，那天我没课，就去接了她们；周三，我们去仙游岛散步；周四，你姐姐带着外婆回了外婆的家。你看你姐姐是不是很懂事？"

"确实如此。"儿子温柔地回答。

既然聊到了这个话题，我接着问他："你将来上了大学，会带着在天安的奶奶回来吗？"

"你问我？"

看来儿子并没有想过这个问题。

"怎么了？你奶奶多疼你啊！"

"这个嘛……"儿子的声音里带着几分疑惑。

"你小时候奶奶为了你受了那么多罪，你都不记得了吗？"

面对我的追问，儿子只是像往常一样沉默不语。我接着说道："你知道吗？当年你奶奶照顾你的时候，你姐姐的日子非常难过。"

"为什么？"儿子若无其事地反问道。

"那时候奶奶只疼你，常常亏待你姐姐。"

儿子再次沉默了。

"好吃的、好玩的都给了你，姐姐得到的永远都是你剩下的。就连你哭了，都要怪到你姐姐头上，这些你都不记得了吗？"

"我确实……"

儿子用简短的回答表示自己不记得了。不知道他到底是不记得了，还是在刻意回避。

"你奶奶整天只想着你，你姐姐会是什么心情？你是知道的，奶奶她重男轻女！说实话，我当时很伤心，因为当年我的奶奶也是这么对我的！"

"还有这种事？"

儿子的反应就好像听到了什么新鲜事一样，这让我有点儿生气。

"儿子！你奶奶当初那么疼你，那么爱你，看来你是不打算带她去旅行啊！"

即便听了我的话，儿子依然选择了沉默。聊着聊着，我不自觉地变得更加激动，声音也越来越大，因为我想起了当年薄待我的奶奶，还有就像刻意有所区分似的偏爱孙子、亏待孙女的婆婆。想到这里，我更加用力地握紧方向盘。

"你奶奶真是白疼你了，她视如珍宝的孙子根本不想着她。当年我奶奶对我不好，我就想着以后决不能这么对我的孩子。所以你奶奶那么对待孙女，我心里肯定不高兴，更何况她还是一位小学老师，是受过教育的人啊！"

我不自觉地将心里的怨愤发泄在 5 月的公路上。儿子沉默了半晌，又突然问道："是老师又怎样呢？"

"你不觉得一个受过教育的人应该打破那些世俗的偏见吗？

你的奶奶有高中文凭，在她读书的那个年代，这已经是非常不容易的事情了。"

"受教育和生活有什么关系？"

儿子犀利地指出了我未曾思考过的问题。

"受过教育的人难道不应该承担社会责任吗？他们不该带有偏见和愚昧，毕竟小学教育的根本就是平等，因此你的奶奶作为老师，怎么能做出重男轻女的举动呢？"

儿子听完我的这番话，温柔地说道：

"妈，奶奶只是忠于他们那个年代的文化而已。"

儿子的话令我大为震撼，我一时不知该如何回应。

那一刻，儿子温柔地说着"奶奶只是忠于他们那个年代的文化而已"的模样，和女儿哭诉奶奶偏心时那单纯稚嫩的面孔，同时出现在我的脑海中。

还记得女儿上大学的时候，我们和婆婆从柬埔寨旅行回来后，女儿对我说："妈，我好累啊！奶奶一不高兴就冲我发火，搞不懂为什么她总是对我发脾气……"

当时我的心跳很快，只能握着女儿的手重复着"妈妈对不起你"。

"你说她忠于文化？"

面对我的追问，儿子回答道：

"是的。我认为，奶奶的行为反映了她那个时代的文化精神，妈妈的行为也是反映了你生活的这个时代的文化精神啊！"儿子为了让我平静下来，尽量柔和地说。

当晚回家后，我对丈夫说："老公，你儿子说你母亲是忠于她那个时代的文化，他说的是重男轻女的文化。"

听到我的话，丈夫觉得儿子很特别。

"嗜，这小子虽然是奶奶带大的，竟然说出这样的话。"

我再次开口，边说边反复琢磨儿子所说的"忠于文化"。

"确实，咱们女儿要是听到这话，估计要跳脚了。"

其实儿子是对的。无论是我的婆婆还是我的奶奶，她们只是按照自己生活的那个年代所反映的方式和受到的教育来说话、做事而已。但想明白这一点，并不意味着受害者的惶惑会减少，或者她们的行为是对的。然而，我能够理解的是，她们这么做并不是出于个人的选择，她们也只是时代文化背景下的受害者罢了。我们不能将她们用扭曲的世界观看世界这件事的责任归咎于个人。

说实话，看到儿子平静地分析造成奶奶的行为方式和态度的根本原因，我一方面觉得他可恶（因为他是男孩，而且从小就被奶奶捧在手心），可另一方面又有些开心，我很感谢他给我带来了新的思考维度。因为在我和女儿的童年记忆中，我们都没有被重男轻女的奶奶善待，所以我才会在无意识中根据个别事件和个体行为给我留下的印象去判断她们。儿子其实是在向我发问——奶奶是那个时代的受害者，而她作为受害者又进入了培养新受害者的社会结构中，那么仅凭奶奶曾是教育者这一点就归罪于她，能解决问题吗？

我不知道儿子以后会不会带着奶奶来一场火车旅行或是自驾游，这个问题暂且放到以后再聊，但至少此刻我非常感谢他，因为他能够体谅奶奶，明白奶奶之所以会有这些令人难过的想法和行为，都是由于奶奶被束缚在她们那个年代的文化框架之中，无法自由地思考和行动。

那天晚上，我想了许多。女儿泪眼婆娑的模样和婆婆疼爱有加地将儿子抱在怀里的场景在我的眼前交映，那一刻我默默地为我的奶奶和婆婆感到惋惜。

正如儿子所言，我的奶奶、母亲以及丈夫的母亲，都是忠于文化的人，她们始终将男性看作生活的中心。然而，因此而受益的女性，也很容易忽视这种文化的暴力性。与年轻儿子的这段对话提醒了我，只有那些因时代文化而受到压迫、忽视和冷待的人，才能够打破甚至改变这种文化。

要想改变一种文化，仅从宏观的角度去评判其对错，是没有任何意义的。至少我的观点是这样的。我从未直截了当地告诉公公和婆婆男女是平等的，不可以区别对待孙子和孙女。父母们在许多细微的行为和能够掌控特权的情况中，无数次地限制、侵犯和操控了女儿的权利，使得这些权利最终转移到了儿子手中。想到这里我发现，人生是生活，而不是思想，是由每一天的生活汇聚而成的。无数女儿的每一天汇聚在一起，是女儿们的一次次退让和善意，帮助先祖们创造了以男性为中心的文化。如果当初她们没有退让，那么今时今日的文化就不是现在这副模样。每一天都按照自己的意愿生活，并不像想象的那么容易。但是我们不能忘记，每一句"没事，我来做吧"所伴随的妥协，都是在将权力移交给男性。

——女儿啊！

人生是生活，而不是思想，

是由每一天的生活汇聚而成的。

无数女儿的每一天汇聚在一起，

是女儿们的一次次退让和善意，

帮助先祖们创造了以男性为中心的文化。

如果当初她们没有退让，

那么，今时今日的文化就不是现在这副模样。

3

我在母亲的
牺牲中长大

妈妈，你的梦想是什么？

我的父亲曾任农田整治所所长，他因工作需要常常在全国各地奔波。可能正是这个原因，我的母亲与我的爷爷奶奶、大伯父大伯母一同生活，并抚养我们这群兄弟姐妹。我们和爷爷的家，以及大伯父的家，共同居住在一个篱笆围住的院子里。家中人口众多，如大家庭常有的情形，总是喧嚣不休，让人心神不宁。也许因为这些，我很难想象我们一家人单独生活的样子。爷爷奶奶、大伯父大伯母、大伯父家的堂兄弟姐妹，以及我的兄弟姐妹就像鱼群一样聚集在一起，时而欢笑，时而喧闹。即使家中总是吵闹不停，但母亲从未大声说过话。

母亲终日忙碌，做饭、添煤、洗衣、打扫、整理爷爷奶奶的韩服等。剩余的时间里，她会接一些裁缝的活儿。从我尚未入学时，母亲就开始做这份工作，那就是将布料缝制成儿童开衫。每当母亲头顶布料包袱回家，解开包袱的那一刹那，布料就像发酵的面包一样瞬间膨胀，充满了整个卧室。

哥哥会用脚轻踢堆放在卧室角落的布料，对忙于手里活计的母亲抱怨，质问她为什么要接这种工作；弟弟则会将目光停留在那堆布料上，在远离布料的房间里来回走动。每个月回家一次的父亲总会指责母亲："这个家变成了什么样子！为了那么一点儿钱，值得把家弄得一团糟吗？"母亲并未反驳，只是笑着将布料收拾起来，放进堂哥的房间。

当年母亲只要一有时间就会接手工活，这一做就是好几年。我不知道母亲做一件漂亮的开衫能赚多少钱，也不清楚这些钱对家里的日子有多大帮助，我只知道母亲一直在不停地做针线活。

母亲靠在卧室墙壁上做针线活的场景，就像一张照片，深深地铭刻在我的记忆中。她手中飞舞的针线和散落在四周的粉红色、浅黄色的开衫布料，仿佛是晚秋午后的阳光，温暖且宁静地洒满整个卧室。只见母亲的手在布料间上下翻飞，那些布料便被拼接成一体，不留任何针线痕迹。只需量一下前襟上、下两侧的长度，缝上两针，一个整齐的前襟便完成了。

我一次次看着整个过程，仍然觉得神奇且震撼。看到我在旁边静静观看，母亲便会问我："要不要试试缝扣子？"然后开始教我如何下针。我喜欢和母亲一起做针线活，既因为我的手和母亲的手很像，也因为我能帮到她。母亲会轻松地对我说："你的手真像我的啊。做针线活有趣吗？"当我们一起做了很久，母亲会对我说："挺累的，今天就做到这儿吧。"母亲的眼神和声音都如此温柔，我内心感到十分温暖。我的手和母亲的手很像，我开心极了。

可能是因为父亲的责备，母亲不再继续接裁缝的工作。春夏季节，母亲会用钩针编织；而到了秋冬，她则使用竹针，为我们五个兄弟姐妹做衣服。傍晚时分，母亲常常显露疲态，她会靠在卧室墙边，一边打瞌睡一边编织。清晨醒来祷告后，母亲会重新开始织衣。有时，母亲会拆解开几年前织的不合身毛衣，然后用烧了开水的黄色水壶将卷曲如泡面的毛线展平。随后，母亲默默地将毛线重新卷成一团，再次织成新衣。

还记得我刚念国民学校时，老师让我们写各自的理想，我问母亲："妈，你以前想成为什么样的人？你的梦想是什么？"听到我的问题，母亲微微一笑："梦想？当然是遇到像你爸爸这样的人，然后幸福地生活啊！"说完她轻轻闭上双眼，仿佛在回忆童年："我希望长大后嫁一个好丈夫，生漂亮的孩子，幸福地生活。"
我继续问道："这就是你的梦想吗？没有别的了吗？"母亲回答：
"还能有什么别的梦想，我什么本事也没有！就只是跟你外婆一
起平静地生活，然后嫁给了你父亲，生了你们几个以后，能看着
你们健康长大我就已经觉得很幸福了，还能有什么别的梦想？"

母亲自称已经实现了梦想的人生之路，在我眼中是那么狭
窄而孤独，就像身处在一座孤岛上。在母亲成长的那个年代，一
个女性最大的美德就是嫁个好丈夫，生育健康的孩子，并将他们
养大。于是母亲依照自己所接受的教育、那个时代赋予女性的期
望，以及父亲家中的期许，生育并抚养了健康的孩子。她遵从父
母的教诲、时代的要求，还有父亲家中的期待，勤恳地完成自己
的本分，以这样的方式走过了她口中的"实现梦想"的人生。然
而每当有机会，母亲总会对已经结婚的我和姐姐们说：

"你们可别像我一样省吃俭用，想穿什么就穿，想去哪里就
去，想做什么就去做。我没有文化，一辈子都在过穷日子，你
们不能过我这样的生活！"

虽然母亲总是说自己已经实现了梦想，但她又反复告诫我
们，不能走她走过的路。她和所有的父母一样，希望女儿们能
追求自己的幸福，而不要一味地为丈夫和孩子牺牲。最终，母

亲让我们否定她的人生与模样，活出自己的人生。

我生下女儿后，看着她一天天长大，我总是握着她的小手对她说："你虽然是女孩，但千万不要认为找个人结婚、生孩子、照顾家庭就是你的全部。"女儿单纯得像一只小羊，她闪着大眼睛，认真地对我说："妈妈，我知道。"

为了补贴家用，母亲总是勤勤恳恳地工作，但家里人总是对她的付出视而不见，这让我感到十分心痛。父亲嫌弃和责备母亲干的活太脏，哥哥用脚踢母亲的布料，他们的样子都令我十分厌恶。看着母亲即使被这样对待，却仍旧保持微笑，我难过极了。在我眼里那份工作如此幸福，可是他们却用"赚不了几个钱"的言辞贬低了母亲的辛勤劳动，这让我很愤怒。

母亲就像日复一日地重复着琐碎劳动的苦行僧一样，她比任何人都更加勤奋地工作，从未休息过一天，然而她的人生却像是织好又拆开，被充满热水的水壶展平又还原的毛线团，不被任何人重视，默默地躺在针线筐里。

在与母亲一起度过的那段时光里，我们共同经历、见证过许多事情，但我对母亲的人生究竟了解多少呢？我不知道母亲是否实现了她的梦想，她是否幸福，她的人生有多艰辛，又有多孤独。其实，当我仔细回顾母亲的一生时，我也曾担心自己活成她的样子，会下意识地逃避。我喜欢母亲优雅的双手，喜欢与母亲的手相像的我的手，但我害怕自己会重复母亲的人生，所以转身离去。我无法确定母亲面对这样的我，会感到难过还是庆幸，但我所能肯定的是，如果我的乖巧女儿为了追求幸福而忽略我，如果她无意了解我孤独的人生，我会一千次、一万次地支持她的选择。就像从未停歇过的母亲希望我追求自己的幸福一样，我也会做出同样的决定。

我是母亲35岁那年生下的小女儿，对于母亲来说，哪怕她到了白发苍苍、老态龙钟、步履蹒跚的那一天，也会做好大酱和辣椒酱等着我回家带走。而我的女儿，也是如此。她是我30岁那年生下的第一个孩子，是我人生中真正的同路人，也是与我血脉相连的挚爱。

——女儿啊！

我希望，你能始终把自己放在第一位，成为最爱自己的人。

我希望，你能尽可能地逃离和否定我这个母亲，

创造更自由、更广阔、更平等的世界，

然后，在你的新世界里尽情肆意地生活。

母亲的婚姻与贫穷

　　我刚上大学，母亲便开始关心我的婚姻和我未来的丈夫。她希望我能嫁给一个好男人，我调侃地回应道："所以妈妈才跟那么穷的男人结婚吗？你不是说婚后因为爸爸太穷，你感到很震惊吗？"母亲用力地摇了摇头："是啊，确实很震惊。我知道他穷，但没想到他那么穷！"

　　母亲5岁那年，她的父亲因霍乱去世，自那时起，她便与母亲相依为命，一直到成为那个时代的"大龄剩女"才结婚。小时候，我问母亲："妈妈，那时你在做什么？"母亲答道："去教会、做衣服、织毛衣，还有和朋友一起玩。"我又问："妈妈去过教会？什么时候？"母亲说："在我结婚之前，村子里来了一个年轻的传教士，他非常努力地传教。我还和朋友们一起去听他讲道，他讲得真好！我把《圣经》读了好多遍呢。"说到年轻的传教士时，母亲的嘴角不自觉地上扬。

我自然不能放过那个表情，我追问："那你现在为什么不去教会，改去教堂了呢？"母亲答道："当时和我一起去教会的朋友说年轻的传教士喜欢我，但我并不喜欢他，所以就不去了。"我接着说："你怎么可以这样呢？你至少应该试着和他交往，再决定去不去吧。传教士将来可是会成为牧师的，如果当初和他在一起，你就不用吃那么多苦了。"听了我的话，母亲无奈地笑着说："那位传教士是个彬彬有礼的好人，但或许是因为我们没缘分，我就是对他无感！反倒是我第一次见你父亲就喜欢上了他。"我继续说："这么说来，你当初就不该被感情冲昏头脑，应该先好好了解对方，再做决定，不能仅凭对方的外貌就产生幻想。当年你要是没被感情所左右，我现在可能就是牧师的女儿了。"母亲害羞地笑着说："你这孩子，如果我没有和你父亲结婚，哪有你呢？"

女儿上幼儿园时，我曾和父母一起去麻谷寺的溪谷游玩，返回鸟致院的路上，母亲坐在车里看着沿途飞快掠过的风景，突然说道:"我结婚前,就是住在那边的村子里!"

正在开车的丈夫问:"是吗?那里是您以前住过的地方吗?"我转过头,透过车窗迅速扫了一眼刚刚经过的地方——那是一个被低矮的小山包围的村子,里面住着几户人家。我说:"妈,这看起来什么也没有,应该是个平静的村子吧。"母亲似乎陷入了儿时的回忆里,她沉默了片刻,说道:"才不是呢,每年春天,我们四处去挖野菜,忙得不得了呢。"

我上国民学校低年级的时候,曾经问过母亲她和父亲是怎么认识的,母亲答道:"有一天,你外婆说有人要来看我,当时我很好奇对方是个什么样的人,于是就往墙外看,结果发现你父亲在那里来回踱步,我当时就对他动心了。"说这话时,母亲像少女一样面带微笑。我又问道:"你就只是远远地望了一眼,就喜欢上我父亲了?"妈妈说:"是啊,后来我听说你父亲也很喜欢我,于是我们就结婚了。"

一次隔墙相望,母亲就对父亲动了心,于是两人走入了婚姻。"我进门的第一天就吓了一跳,在那之前我从未见过这么穷的家庭。家庭成员众多,却没有食物;夜里睡觉的时候,所有人都挤在小房子里紧挨着彼此。"母亲说这话时不禁打了个寒战,从她的表情来看,她并不想回忆那段过去,眼睛里写满了悲伤和疑虑。

我的爷爷奶奶一共生了四男两女（父亲是次子，6 个孩子里排行老二），算上已经结婚的大伯一家，一共有 11 口人拥挤地生活在小茅屋里，所以母亲才会觉得那段时光不堪回首。再加上在那之前，她一直和外婆过着简单的日子，直到成了 25 岁的"大龄剩女"才嫁进婆家，很难想象她当时有多么百感交集。

"你们无法想象，那么多人挤在三间小房子里有多困苦。你们可能也不明白，那么多张嘴等着吃饭有多么可怕。米缸里的米消耗得如此迅速，以至于来不及补充就已经见底。你们的父亲承担着养家的责任，他吃了不少苦。当时，家里只有你父亲在挣钱，没有其他选择。我努力地攒钱，可你们不会明白人情世故的险恶，也不知道人性的丑陋从何而来。"

父亲曾是职业军人，是家里唯一的顶梁柱。那时大伯被疾病缠身，爷爷也赋闲在家。母亲不仅要承受繁重的家务，还要和父亲担起赚钱养家的责任。仅想象那种压力，就足以让人心生恐惧。母亲的贫穷持续了数年，而父亲的责任感也随着贫穷的加深，变得更加沉重和巨大。

我无法想象母亲所说的可怕的贫穷是何种景象。然而，当我在国民学校低年级时，的确深切体会到了贫穷让人感到无比渺小。20世纪70年代中期，学校每学期都需交纳助学会费（家长们为了子女的教育，自发交纳的赞助费）。放学后，老师会将未交会费的学生名字写在黑板上，单独叫出来问话，这在那个年代是常有的事。有一次，我因为未交会费名列黑板，向母亲要钱。母亲一大早便牵着我的手，挨家挨户借钱。母亲提着裙子在村子里四处奔走，虽然早晨阳光明媚，但我的心情却如同夜晚一般黯淡。我望着母亲，她紧攥着裙子，面容看起来很憔悴，那一刻我感到自己变得越来越渺小。对于母亲和我们这几个孩子来说，那都是一段异常艰难的时光。姐姐们比我忍受了更长时间的苦日子，时至今日，每当我们聚在父母家，偶尔谈起那段岁月，依然会流露出悲伤的神情。

母亲偶尔会提及当年奔走借钱的日子，说这话时她语气平静，眼里却充满着惆怅。

"那时候当然难啊，哪有人想借钱。家中只有你父亲赚钱，养活5个孩子就已经让日子过得紧紧巴巴，再加上你爷爷奶奶，还要帮衬你大伯家，补贴你堂兄弟姐妹的学费。那时候连一分钱都要省着花！"

然而，我无法共情母亲的贫穷，因为即使是同一个家庭中，贫穷也是不公平的。我知道有限的钱总是优先投入到哪里；我也清楚，如果我对母亲的贫穷表示同情，作为弱者的我，可选择的范围将会进一步压缩。我目睹了周围家庭如何因贫穷而让最弱者失去斗志，甚至连未来的可能性也被剥夺。我成长在鸟致院砧山洞忠灵塔下的一个小村庄，这里是贫穷家庭的聚居地，村里的姐姐们上不了高中，只能去工厂赚钱。

我无法想象那种让母亲害怕到发抖的贫穷是何等景象，也不知道母亲终日为餐食操心，掀开米缸却空无一粒时的恐慌。我对贫穷的理解仅限于母亲牵着我满村借钱的情景，这令我对她充满了感激。然而，我从未想过，赚取我们 5 个孩子的学费对父母来说是多么艰难的事。一旦我开始深入思考这些问题，我可能也会像村里的姐姐们一样，在初中毕业后去读高中夜校，甚至为了贴补家用，在众多选择中走上最艰难的那条路。

我知道，一旦我开始理解母亲的贫穷与痛苦，我可选择的余地就会不知不觉变得更加狭窄，所以我选择忽略母亲的贫穷。虽然贫穷无罪，但我知道贫穷是如何有所区别地体现在每一个家庭成员身上的，因此我选择回避母亲的贫穷。

红苹果与母亲渐熟的苹果园

"快起床，吃饭啦！一大早就这么热，太热了。"

那是我读国民学校三年级的一个暑假的早上，小瓦房的地面已经热得像口铁锅。母亲从厨房端出沉甸甸的圆饭桌进了里屋，豆大的汗珠顺着她的额头滑落。

"等会儿吃完饭，妈妈要去苹果园，你玩到中午过来给我送冰块可好？"

我将萝卜缨辛奇放在饭勺上，答道："冰块？好，我会送过去的。"

我胡乱地洗了把脸就来到国民学校的操场，和朋友们一起在百年银杏树的树荫下玩弹球占地游戏[1]。我们把泛着古铜色和红色的土地当作画纸，在上面画线，用手弹小石子玩耍。玩到膝盖疼时，就把画线的树枝丢一边，去荡秋千；若是连这也玩儿腻了，就跑去滑梯上玩冰块叮游戏[2]。玩了一上午后，我从冰箱里取出冰块，装入黄色的大水壶，然后向果园出发。

即便是大人，去果园也要走上 30 分钟。一路上我提着大水壶，从单手拎换到双手提，时而扛在肩上，时而抱在怀里。我翻过有两条清晰拖车车辙线的山坡，绕过缓慢爬行的蚯蚓，踏过能望到辽阔公墓的道路，经过栽满老桃树的果园和不知何名的村庄。

母亲正冒着热汗在果园里起垄做畦，一看到我，她笑得像苹果花一样灿烂。母亲挺直腰板说："真热啊！很沉吧？要是下场雨就凉快了！"说完就用冰水将毛巾打湿，又用凉毛巾为我擦去满头的汗，接着将冰水倒在杯子里，喝了下去。"好凉快

---

1 弹球占地游戏又称"占地游戏"，是一种儿童游戏，有多种玩儿法。这里的玩儿法是玩家在地上画出格子，并用手弹小石子在格子间移动，以占领更多的地盘。——译者注

2 冰块叮游戏是一种儿童游戏，在游戏中，玩家会轮流当捉人者，其他玩家可以通过喊"冻住"使自己短暂免遭被抓，也可以被未冻住的玩家通过喊"融化"解冻，当所有玩家都被冻住时，捉人者获胜。——译者注

啊！这下好多了。"母亲的声音清脆响亮，像冰块裂开一样。

我坐在一坪半大小的瓜棚中，用冰水泡着母亲早上带来的饭吃。尽管瓜棚内充满了地面升腾的热气和阳光晒过的湿热空气，但与母亲共享午餐却很美味。萝卜缨辛奇、炒黑豆和炒银鱼是这一餐的全部配菜。瓜棚大约有一个成年人的高度，被桃树和梨树环绕着，就像漂浮在蓝色大海中的一叶孤舟。

整个暑假，我一直待在苹果园的瓜棚里，做绘画日记的作业，跟着母亲在豆田的田垄里拔草，摘豆荚剥出里面长成一列的豌豆。夏末，全家人来到苹果园摘苹果，父亲一边用长杆摘顶端的苹果，一边漫不经心地说：

"最好看的苹果好像就长在那上面，不知道有没有被喜鹊啄食过。喜鹊可不是一般的聪明，它总是会最先啄食长在树顶上的苹果，因为那里有最漂亮、最先熟透的苹果，也不知道喜鹊是怎么发现的。我真担心树顶上苹果的安危。由此可见，太过优秀的人总是会受到众人攻击，太过聪明和漂亮也是如此。"

我望着高高地举着长杆摘苹果的父亲，问道："喜鹊这么聪明吗？"

"那当然了。千万不能小看这些动物，它们可是很有智慧的。如果是不好吃的苹果，哪怕遍地都是，它们也不会去吃。

它们只会寻找好吃的苹果。喜鹊命真好，比咱们好一百倍哩！虽说我们会挑选最好的苹果拿去卖钱，可喜鹊是直接白食我们辛苦种下的苹果啊，而且还是挑最好的享用！"

"爸爸，如此说来，那些红彤彤的成熟苹果是笨蛋啊，只会待在树顶上被喜鹊啄食。那些稳妥地藏在中间的苹果岂不是更聪明，因为它们牢牢地贴在树干上，直到被卖掉的那一刻也没有被啄食。"

父亲听了我的话，笑着说："原来如此！隐藏好自己，牢牢守住阵地，生存到最后一刻才是最棒的啊！"

现在想来我还会忍不住发笑。其实对于熟透的红苹果来说，不管是被喜鹊吃掉，还是被人类吃掉，都没什么两样。

有时我会一个人坐在瓜棚里，听着嘹亮的蝉鸣、草虫的声音、喜鹊飞来飞去的窸窣声，以及风吹动苹果叶发出沙沙作响的声音，这一切都是如此美好。而我最喜欢的就是观察苹果在阳光、风和雨的洗礼之下，一天天变红。我惊奇于晨昏间苹果变换模样的时刻——早上还是斑驳的红色，只不过经受了半日的光照，就变得红润无比。虽说这片果园的每一分成长都少不了母亲的辛勤汗水，但我依然沉浸于欣赏阳光、轻风、细雨带来的每个令人惊奇的瞬间，内心感到无比幸福。

　　国民学校六年级，某个炎热暑假里的一天，我坐在瓜棚里，出神地看着眼前挂在树上的红苹果，默默祈祷自己的人生也能如苹果般鲜红明亮。红苹果仿佛在俯视瓜棚里的我，而此时收音机里传来了台风警报，我在心里许愿，即使台风袭来，红苹果也能够牢牢地挂在树上。母亲则穿梭于苹果树之间，一边忙乱地捆绑需要固定的地方，一边查看是否有会被风刮走的农具。苹果还需经过两到三周的日晒才能收获，眼看台风就要来了，母亲心里充满了担忧。

　　台风过境后，苹果园的地上落满了苹果。母亲看着还没熟透的苹果滚落在地上，叹了口气，然后开始捡拾状态稍好的苹果。我在瓜棚附近找到了一颗红苹果。那是一颗泛着耀眼红光的苹果，在暴风雨过后的阳光之下，它是那么自信！那天我与母亲一起捡苹果，许久之后，我坐在瓜棚里，心满意足地看着眼前的苹果。

　　我心想：原来美丽生长的背后并没有什么特别的东西！它们都生长在同一棵树上，同样接受着日晒和风雨的洗礼，而我最喜欢的那颗红苹果又有何不同呢？它也只是在台风过境时，牢牢地抓着树枝，就这样用尽全身力气顽强支撑到台风侵袭的最后一刻。但是仅此而已吗？无论是害虫还是干旱，它都没有被打倒，还拼命地吸取树液，灌入自己的体内。

我继续想：苹果真了不起，但我和苹果又有什么不同呢？我也只是一颗挂在父母枝头的幼小苹果而已！凭借自己的努力成为一颗令人垂涎的苹果，才是最好的结局。同一棵果树上不仅有掉落的苹果，也有挂在枝头继续生长的苹果，这就是最好的示范！原来我不应该依靠他人，而是应该靠自己努力获得成果。

在台风中挺到最后的苹果仿佛在向我低语，让我产生了这样的想法。

小时候，每次我去苹果园，母亲总忙碌于各种琐事，我从她身上学习，坐在瓜棚里向苹果和喜鹊学习，也不断地自我反思。在那些看似平淡而漫长的时光中，我收获了大自然的教诲。母亲的苹果园为我带来了巨大的礼物。每个年幼的孩子都需要拥有这样的空白时间去成长，而我得以拥有这样的时间，都是因为母亲在一旁辛勤劳作。

我希望职场妈妈们能放下一些负罪感。实际上，孩子们并非看不到父母的汗水、痛苦与艰辛。相反，他们清楚地看在眼里。父母不在身边的时候，他们能够自我成长。如果小时候，母亲用各种补习班将我的每分每秒都填满，我还会有这样的体悟吗？可能我会对自己的生活感到困扰，感叹人生艰难。然而那些岁月里，那些我坐在瓜棚里的时光，我在观察飘过的云彩、瞭望树上的红苹果时，在果园里忙于劳作的母亲将画笔和画纸交给了我，让我像苹果成熟的过程一样拥有了思考和成长的时间。

苹果的成熟需要时间，孩子的成长也是如此。能支撑孩子向前的，只有他们自己的力量。作为父母，最大的失误莫过于轻视孩子的生命力。

在黑暗中闪耀的存在

时至今日，日暮时分我独自在院子里踱步的时候，仿佛还能听到母亲从远处呼唤我名字的声音。小时候，我和邻居家的孩子们在忠灵塔公园玩耍，常常忘记太阳已经落山，这时候，母亲们会站在大门外高呼我们的名字。

"柚京啊！该吃饭了，别再玩儿了，快回家！"

无论呼唤声来自谁的母亲，只要一听见喊声，我们就会停下摘幸运草的动作或是正在玩的过家家游戏，拍掉手上的泥土，飞奔回家。我们就像是在比赛谁先跑回家，脚下是一条狭窄的下坡路，落日的余晖在路上洒下红色和黄色的霞光，夜幕即将降临。

砧山洞忠灵塔附近住着许多户人家，每户人家之间用参差不齐的木篱笆隔开。太阳落山后本就一片黑暗，再加上那个年代并不在屋外安装电灯，因此，日落之后，小镇漆黑得伸手不见五指。仅有傍晚时分可以透过房子里微弱的灯光看清屋子的轮廓，但街上既没有路灯，人们也没有照明灯，除非是月朗风清的满月之夜，否则就必须提着大灯笼才能在室外行走。那真是一段零距离感受黑暗的时光。

那个年代，除了富贵人家，家家户户都使用传统茅厕，我们家的茅厕在后院。这个有着石板瓦顶的小型传统茅厕，紧依着忠灵塔公园的木篱笆，所以即使白天也很黑暗。从我还不记事的时候开始，这个瓦顶茅厕到了冬天就十分寒冷，而夏天又会散发出刺鼻难闻的气味，让人难以久待，这种情况一直持续到我读大学三年级。

大姐怕黑，就算是明月当空，她也总要我陪她去茅厕。而不怕黑的我，总是会在茅厕门口，给姐姐唱歌，陪她聊天。即使后来大姐进入汝矣岛的大学医院正式工作了，每次回到砧山洞的瓦房，去茅厕时她依然会对我说："跟我一起去。"每当此时，看到忽闪着大眼睛的大姐，我总会开玩笑说："姐，这有什么好怕的呢？"一想到两个成年女人结伴去茅厕的场景，我就会忍不住笑出声来。

父亲、爷爷和大伯常对女儿们说："晚上出门要小心！女孩子不能在夜里四处乱逛，夜晚是很危险的。女孩子不能随意在外面待到很晚！"这些不适用于儿子的话语中，充满了担忧与恐惧，它原原本本地还原了长辈们担心女儿、孙女、侄女会在夜里遇到危险的心情。姐姐们都听从长辈们的警告，对黑暗和夜晚充满恐惧。在我们家中，最怕黑的是善良的大姐，其次是眼睛和容貌都与大姐一样美丽的大伯家的大堂姐，然后是遗传了母亲坚韧意志的二姐，以及天生就充满女性韵味的大伯家的二堂姐。

虽然在大伯家和我家的五个女儿中我排行老五，但我并不惧怕黑暗。如今回想起来，这可能是因为我在家里最少听从长辈关于黑暗的警告。年纪最小也看似最该怕黑的我，反倒是最不怕黑的孩子。实际上，在年幼孩子的心里，父母反复强调的那些话，绝不是一件轻松的事情，因为孩子不仅要接受他们的爱，还要承受他们带来的恐惧。当时的社会正在经历剧变，而我还太小，无法完全理解父母的恐惧，再加上他们总是忙碌，很少有时间和我这个小女儿相处。时间久了，我便学会了与黑暗相伴。

还记得上国民小学三年级的一天，我说要和母亲一起抓偷吃苹果的麻雀，于是来到了瓜棚。母亲说要回家把"晚饭带来"，然后便离开了。然而，一场突如其来的雷阵雨，让母亲没能立刻赶回果园，于是我独自在瓜棚里待到了深夜。我坐在四周荒无人烟的瓜棚里，欣赏着 8 月的雷阵雨，就这样过了很久。那场雨来得十分猛烈，雨点敲打着大地，击起尘土；敲打在苹果叶上，发出咚咚作响的声音，那声音既像奏乐，又像是雨在说话。大雨滂沱，狂风呼啸，电闪雷鸣，把本已被包裹在黑暗中的苹果园染上了另一层色彩，在紫色、蓝色、黄色的闪电交映之下，苹果叶和苹果呈现出另一副面貌。

我坐在被雷阵雨暴击后的瓜棚里，仰望着天空，早已忘记过去了多久。天空澄澈，一轮皎洁的明月高悬其中，云彩悠然飘荡，繁星点点间或可见。那一刻我开始思考，无论是白天还是黑夜，大自然总有它自己的节奏，有些声音和色彩只有在黑夜里才能显现。无论观察的时间长短、观察得清楚还是模糊，情况都是如此。直到满月升至头顶，母亲也并未归来，但是园里却充满了青蛙、蟋蟀和蝉合奏的生命之曲。那一刻，我突然意识到坐在瓜棚里的我，也只是此地众多生命中的一员。

就在我坐在瓜棚里仰望星空的时候，父亲和母亲打着手电简来了。可能是由于一路上父亲一直在责怪母亲，使得母亲一见到我就说："乖乖，你没事真是太好了！"父亲则说："你没回家，快吓坏我了。自己待在这里，你不害怕吗？有没有哭？"父亲的声音颤抖着，因为他想到一个 10 岁的小女孩孤零零地在瓜棚里度过了整个雷电交加、暴雨倾盆的夜晚，心里害怕极了。

父母担心我，所以才匆忙地赶了过来，这让我觉得很开心。我说："爸，有什么可害怕的，闪电很美，雷声也不错啊！"听了我的话，父亲说道："这夜里电闪雷鸣，看起来天都要塌了，可你不仅不害怕，反倒很开心？"父亲平日里十分严厉，从未拥抱过我，也没背过我，彼时他站在瓜棚前说："路上黑，上来吧！"那一刻我感到十分幸福。我趴在父亲温暖的背上问："这里的苹果和草虫都不害怕，而且待得好好的，我为什么要害怕呢？"父亲答道："你真勇敢，不害怕吗？你比我强，爸爸心里害怕极了！"默默走在父亲身旁的母亲松了口气，笑着说："也不知你这孩子哪儿来的胆子，我可是吓坏了呢！"

父亲背着我走了很长的路，那是我记忆里的第一次也是最后一次。母亲跟在父亲身旁，不停地抚摩着我的后背。

是什么让父亲和母亲感到如此害怕，又如此恐慌呢？是倾盆的大雨，还是轰鸣的雷声，或者是如恶魔苏醒般激烈的闪电呢？也许是出于对孩子的爱，他们才如此担心独自待在漆黑瓜棚中的我。

白天与黑夜，不过是根据季节变换而来。然而，长辈们却因为我们是女孩，便将夜晚定义为恐惧的时刻，教导我们要警惕黑暗。表面上看，谨慎无可厚非，但如果我们无法欣赏夜晚的美丽，无法在夜间完成必须要做的事情、走必须要走的路，那作为女性和女儿的我们，一天中的一半时间便只能被束缚在家中。父母有责任改变和改善社会与环境，让女性和女儿在夜间也能自由活动。然而，在这个大家都忙于谋生的社会中，他们只能教导女儿要小心，少出门，避免遭遇危险。

女儿读小学低年级时，每年从春到秋，我总在小区里四处寻找她。有时候女儿不打招呼就去朋友家，或者去其他小区的游乐场玩耍。如果晚上超过 9 点还没找到她，我就会请求小区发出寻人广播。女儿总是顶着通红的小脸和满面的笑容回家，我在她的脸上看到了自己的童年。我对她说："你去哪里都可以，但要提前跟我说。你可以在外面玩儿到很晚，但你得告诉我你在哪里，妈妈才能放心。"女儿答道："妈妈，让你担心了吗？我不想让你担心的，我玩着玩着就忘记了时间，下次会注意的。"

我知道女儿只是玩得太开心了而已。帮忙照顾孩子的婆婆曾经一脸不快地责备我："怎么能让女孩子晚上出去玩呢？夜里可是很危险的！"我没有将婆婆的责备转告给女儿，因为我不希望让她成为一个畏惧黑暗的人。毕竟，只有直视黑暗，我们才能看到那些闪耀在黑暗里的东西。

在女儿成长的过程中，我从未对她说过是类似"晚上不要待在外面，早点回家"的话，因为，我认为她晚归一定有她的理由。如果是需要家长陪同的地方，我也会毫不犹豫地起身同去。

在这个世界上，有些事物必须在黑暗中才能看见，只在黑暗中才能发光。作为父母，因爱生出的恐惧是我们应该独自承受的压力，不应将其推给年幼的女儿。

我们有责任让女儿们在黑暗中，乃至任何地方，自由自在地生活。如果我不能履行自己的责任，反而用自己的恐惧和担忧束缚住女儿，这岂不是本末倒置？恐惧就像生命一样会生长。我不愿在女儿心中播下恐惧的种子，让恐惧在她心里滋生，也不愿将她禁锢在家中。因为恐惧只存在和成长于我们的内心。

——女儿啊!

我不希望让你成为一个畏惧黑暗的人。

毕竟,只有直视黑暗,

我们才能看到那些闪耀在黑暗里的东西。

我们有责任让女儿们在黑暗中,

乃至任何地方自由自在地生活。

世上独一无二的强力特效药

　　进入国民小学后，我非常开心，因为终于可以摆脱奶奶说我没有照顾好弟弟的指责，也不必再生活在她的隐形压力之下。初次与同龄人一起在陈旧的课桌前学习韩文，我仿佛进入了新世界。只觉得黑板上白粉笔写下的韩文，格外美丽。

　　在学校里，令我感到惊奇的是，男孩们前一秒还亲密无间地凑在一起玩耍，一旦发生矛盾，就会以拳相待。他们会因为一些微不足道的小事而打架，但过不了多久，又好像无事发生一样和好如初。男孩们一旦厌倦了他们的游戏，就会闯入女孩们玩耍的区域捣乱，比如擦掉我们弹格子的线，或者用铅笔刀割断我们玩跳皮筋的橡皮筋然后匆忙逃离。看到橡皮筋断了，女孩们会哭着向老师告状，但老师通常不会重视。

所以每次我的橡皮筋断了，绝不会去找老师，而是追上那个捣蛋的男生，抓住他的衣角让他赔礼道歉。我跑得很快，每次都会用尽全力追上去，看着他们的眼睛并让他们发誓再也不敢捣乱。我从不会哭着向老师告状，因为我知道成年人的世界里充满了不公平，所以我选择自行解决问题。

结婚以后我曾问过母亲："妈妈，我很小的时候，哥哥总是狠狠地打我，为什么呢？"

母亲回答："因为他每次说你，你都犟嘴！他知道你说的话没错，可是听着恼火，所以就打了你。唉，那时候家里可太闹了，你也真是的。"

"可是妈妈为什么没有训斥哥哥呢？"

"家里那么多孩子，我实在太累了。你总是不停地还嘴，你哥哥说'小丫头片子还顶嘴'，把你惹哭了，你哭闹了好一阵子呢。"

回想起来，哥哥胡闹欺负我的时候，妈妈虽然嘴上说着"别打了！吵死了"，实际上并没有用行动去阻拦哥哥，或是训斥他，只当这争吵是孩子成长过程中的小插曲，不了了之。那时母亲从清晨开始忙碌，直到夜里才得空休息，看到哥哥把我惹哭，她也只是觉得烦躁和吵闹。母亲忙了一天，她大概不想因斥责儿子让他感到泄气，也不想听我顶嘴。

在学校里，我可以底气十足地提高音量与男生对抗，甚至足以令强壮的男生都拿我没办法；但回到家里，在母亲和爷爷、奶奶的默许下，哥哥会明目张胆地对我动用一些小的暴力。上中学的哥哥一听到奶奶说"丫头片子还敢顶嘴"就会敲打我的头。哥哥并不是一个粗暴的人，甚至现在是一个很温柔的人。但他青春期的时候，总是想展现自己的力量，而家里人也从未阻拦过他。

"妈，你还记得吗？有一次我头顶秃了一块，当时你吓坏了，立刻就带我去了医院。医生说我营养不良，让你每天煮一个溏心蛋给我吃，于是那一个月你每天早上都在不锈钢碗里给我做溏心蛋。这事你还有印象吗？"

母亲听我说完，笑眯眯地对我说：

"当然记得啊！那时候你头顶有一块硬币大小的头皮秃了，可把我吓坏了。所以当时我就买了一盒鸡蛋，每天只给你煮溏心蛋。女孩子怎么能脱发呢？不过幸好很快你就痊愈了！"

我自认意志坚忍，有关斑秃时期的记忆并不算多。那时医生说我营养不良，我也从未怀疑过。但现在想想，营养不良并不是我脱发的原因，而是压力过载。

并不是只有骨折或流血才能被视作暴力受害者。生活中的语言暴力、持续不断的斥责，以及敲打等行为，经过长期的积累，也会让年幼的孩子感到难以承受的压力，继而用身体反应来表达自己的痛苦，比如他们会出现啃指甲、吃头发、脱发、少白头，抑或身体颤抖等症状。我小时候受到了奶奶的差别对待和哥哥的轻度暴力，所以身体才会表现出不适。

在那个年代，无论是在学校还是家中，轻微的暴力无处不在，成为我们生活中的一部分。所以，母亲并没有意识到年幼的兄妹间看似胡闹的拳脚相加，其实才是导致我脱发的原因。

母亲每天早上亲手为我煮溏心蛋的那段日子里，即使我头发脱落，却仍然感到很幸福。因为早餐桌上的溏心蛋，是母亲的爱。这种难以言喻的情感只能用行动表达，母亲的爱和她每天早晨精心准备的溏心蛋，就是我独一无二的强力特效药。在享用母亲煮的溏心蛋的同时，我升上了更高的年级，哥哥外出求学，曾经苛责我的奶奶病倒在床，然而幸运的是，我的头发逐渐生长出来。年幼的孩子，只需在爱的滋养下，便能茁壮成长。

还记得那年我读博，每天忙得不可开交，当时正在读小学四年级的女儿开始啃指甲。她不停地用牙齿啃咬指甲，导致指尖变得通红。看到女儿这样，我非常难过。我知道女儿需要爱与关注，但是她无法对忙碌的我倾诉，而奶奶又总是区别对待她，所以她选择啃指甲来消化自己的情绪。女儿啃红的指甲刺破了我的心，所以，那段时间，我经常拥抱女儿，听她倾诉，牵她的手。我并没有督促她不要再啃指甲，也没有责备她。因为女儿已经在向我传递信号了，我又何必给她施加压力呢？

三个月过去，女儿不再啃指甲。然而出现问题的不只女儿。后来我在群山找到工作，和丈夫过起了周末夫妻的生活。那段时间，正在读小学二年级的儿子和丈夫一起住在大田后，他开始用美工刀在皮沙发上乱划。得知这件事情后，我让他坐在沙发上，长时间地拥抱了他。我说："孩子，你是想试试刀是否锋利吗？这张沙发和你的年纪一样大，以前你在沙发上撒尿、吃零食，甚至还呕吐过，但是沙发总是坚实地承受着你的重量，还有你在上面蹦跳的模样。现在你已经长大了，开始拿刀划沙发，沙发的一生真是艰难，对吧？"儿子羞赧地笑了，说："我再也不会这样做了。"之后的那段分离时期，我每次和儿子在一起，都会深深地看着他的眼睛，尽可能多地拥抱他。

无论是在家庭还是在学校，长期忍受歧视或暴力的孩子，会下意识地在心里建造一个压力房间，并用身体来释放无法用语言表达的痛苦。每个人的情况不同，有的人可能要花一辈子的时间才能摆脱这种痛苦。对于成长中的孩子来说，那些在大人看来微不足道的行为，却会成为令他们难以承受的压力。回顾我和孩子们的成长经历，我们都迫切地渴望逃离那种想要被爱的心意、周围人的歧视以及微小的暴力，然后不自觉地用行动来表达这种渴望。

　　无论是童年时期还是长大成人，我们都渴望被爱、想要给予爱。我曾经因为渴望母爱而斑秃，所以我知道对于孩子来说，父母的爱就是最有效的良方。

　　　　——女儿啊！

　　　　母亲的角色应该是爱孩子的人，而不是神。

　　　　妈妈会爱你们，但也会犯错、看错和糊涂。

　　　　虽然不能将孩子的经历、情绪、焦虑的责任都归咎于父母，

　　　　但毫无疑问的是，孩子只是承受痛苦的受害者。

　　　　那些因为压力而啃指甲、乱涂乱画、扔东西、为小事而大喊大叫、说脏话的孩子，

　　　　其实也只是渴望被爱的孩子而已。

可以给我买一双滑冰鞋吗？

　　我记不清那年我多大，寒冬里，父亲带哥哥去滑冰场。那是个仿佛能冻住指尖的寒冷冬天，我却充满好奇，快步跟上父亲。我们去的是一个将水灌满田野而成的冰场，村里的孩子齐聚此处，开心地滑冰。父亲先从黑色的大包里拿出哥哥的滑冰鞋，帮他穿上，然后取出自己的长刃冰鞋，匆忙系好鞋带，在笨拙滑行的孩子们之间自如地穿梭。虽然调皮的哥哥在追赶父亲时一次次跌倒，却总是毫无惧色地重新站起来，继续向前滑。孩子们的屁股一次次砸向冰面，跌倒了又爬起来，在他们之间从容穿梭的父亲显得格外闪亮。碧空如洗，冰寒刺骨，寒冷的空气打在我的鼻尖上，但看着在冰面自由滑行的父亲，我觉得格外清新，父亲仿佛是一只划过碧蓝长空的飞鸟。父亲告诉我，他是在江原道服役期间学会滑冰的。

每年冬天，我都会带上堂哥为我做的雪橇去水田冰场，欣赏别人滑冰。我读国民学校三年级时，曾轻声问母亲："妈妈，可以给我买一双滑冰鞋吗？"母亲随口答道："你哥哥以前的滑冰鞋应该还在鞋柜里，他脚大了不能穿，你就拿去穿吧。"我从鞋柜里找出那双旧滑冰鞋，虽然已经被压得变形，但我心里开心极了。那硬朗的黑色皮革、厚实有分量的靴子质感，以及牢牢固定在鞋底的修长刀刃，一切都令我爱不释手。就连穿插在黑色皮革之间的橘色鞋带，仿佛都在向我微笑。鞋子太大不合脚，我就用两双袜子塞在鞋尖处，然后擦净灰尘。第二天，我迫不及待地去了滑冰场，只是这双鞋对我来说确实太大了。

我忘了自己跌倒过多少次。虽然不合脚的鞋子让我无法随心所欲地滑行，但我依然欣喜万分。我喜欢冰刃在冰面缓缓向前的滑行感、坚硬冰面的轻声细语、刺骨的寒风、明朗的冬日蓝天和朋友们的欢笑声。我穿上滑冰鞋站在冰面，只觉得无比享受。我喜欢看穿着雪白花式冰刀鞋的女孩子们嬉笑，也喜欢和横冲直撞地疾驰于冰面的男孩子们一起滑行。我不断向前行走、滑行，即使鞋子大了些，我仍然享受每一刻。

一到冬天，我就会穿上哥哥的旧滑冰鞋去冰场。虽然从国民学校三年级一直滑到五年级，但鞋子对我来说还是大了些。记得五年级那年，我学会了转弯——先以左脚为支点，然后扭动右脚，转弯并不容易，但第一次成功时，我感到欣喜若狂，仿佛自己已是滑冰运动员。鞋子虽大，姿势也笨拙，可仅是学会转弯我就已经无比兴奋。无论鞋子是否合脚，那都是我无法凭借自己的力量改变的现实。我只能尽我所能，沉醉于滑冰的乐趣中。

六年级的冬天，哥哥的旧滑冰鞋对我来说依旧很大。哥哥比我大6岁，因此我的脚和鞋子的尺寸差距似乎无法缩小。晚饭时我问母亲："妈妈，你能给我买一双新的滑冰鞋吗？哥哥的鞋还是太大了。我想要更好地滑冰，但这双鞋实在太大了，我没法好好滑。我已经穿着哥哥的鞋滑了几年，现在可以给我买一双新鞋吗？"母亲避开我的目光，说："我们哪有那么多钱？你很快就要上初中了，到时候更需要钱，你这不是明知故问吗？将就滑吧！你又不是要成为滑冰运动员，能滑就可以了。"

大约是初中二年级的冬天，我当时已经不再穿哥哥的旧滑冰鞋了，有一天母亲带回了一双闪闪发光的新滑冰鞋，那是为比我小3岁的弟弟买的。我曾连续数年请求母亲为我买一双滑冰鞋，但母亲总是置若罔闻，可如今她却为从未滑过冰的弟弟买了一双新滑冰鞋，甚至对他说："你也学着姐姐去滑冰吧。"弟弟曾见过我在冰面不断摔倒又挣扎着爬起来的样子，因此那一刻他只是一脸不情愿地看着滑冰鞋。弟弟并不喜欢滑冰，可能是他知道一旦穿上鞋子，就得像我一样在冰面上连续跌倒、撞痛自己，所以他只在院子里试穿了一次，然后就把鞋子原封不动地放进了鞋柜。那时，我觉得弟弟那双绑着绿鞋带的黑色滑冰鞋，冰冷又令人痛恨。

每次打开鞋柜，我都能看到弟弟那双绑着绿鞋带的滑冰鞋。母亲只买给儿子们的滑冰鞋，既是现实，也是我必须要克服的生活中的不公。无论是出门还是回家，每当我打开鞋柜取放鞋子时，弟弟的那双黑色滑冰鞋都在提醒我身处怎样的现实。

尽管我一直深爱母亲，但我无法理解她。小时候，我无法理解成年人如何看待一个女孩。当我出门玩耍摔伤膝盖回家时，母亲总会说："你这么不小心，万一下次重伤怎么办？"当我的手肘在泥地上磨破、满手血迹地回家时，母亲会说："你这要是留疤怎么办？女孩子应该更小心。"我并不在乎，清洗伤口，涂上红药水，接着再次出门。

我只是一个正在学习、成长、体验以及发展成为我自己的孩子，但直到现在，我才明白，在母亲眼中，我只是一个到了适婚年龄就要嫁到别人家的女儿。在她看来，儿子会陪伴他们度过余生，照顾他们，而女儿终将离家成为别人家的一员。他们在无意识中，就已经区分对待儿子和女儿了。

女儿小学三年级时学会了滑冰，四年级时已经滑得很好了，那时我带着父亲和母亲去大田梦精灵乐园的滑冰场。他们一边喝鱼饼汤，一边看外孙女滑冰，欣喜地笑着说："滑得真好，真漂亮啊！"

"是啊，如果好好学，只要一年就能滑得很好了。小时候我穿着哥哥的滑冰鞋，吃尽苦头，所以我希望我的女儿可以尽情享受滑冰的乐趣。"我看着他们，放松地说。

"是啊，其实当年我知道你哪怕穿着不合脚的鞋子也一直坚持滑冰，可你弟弟就算拥有自己的鞋子也从没滑过。"母亲小声说。其实母亲心里明白，她在我们之间画下了一条无形的分界线。我明白这不是母亲的错，她只是依照从她的母亲那里学到的方式，生儿育女，做出最优选择而已。

如今，每当我有空闲，还是会到滑冰场去滑冰。想起小时候我穿着不合脚的鞋子滑冰的那些美好时光，我反复告诉自己，世上没有无法跨越的边界。

寒冬里，我穿着过大的滑冰鞋，一次次跌倒，全身湿透，从中我拥有了像冰一样冷酷坚强的意志。我跟跄地穿着哥哥的滑冰鞋用力向前奔跑，每当此时，我都会跌倒；但若不经历跌倒，又如何学会爬起？如果我未曾硬着头皮穿过大的滑冰鞋去冰场，又怎会明白父母对待儿子和女儿的双重标准呢？在过去的这些年里，我始终全力以赴地前行，因为我知道，只有奔跑才能抵达和跨越那条边界。虽然年少的我对社会里的不公一无所知，但我清楚地意识到家庭里的不公如何影响每一个人。

在我独自探寻跨越边界的方式时，我的意识始终如冬日寒风般的清晰与锐利。我逐渐明白，要克服不公，要不满足于现状，要竭尽全力。

跌倒的次数多了，我就会在跌倒的一刹那，理解自己为何跌倒；而多次爬起后，我在起身的一刹那，会掌握起身的技巧。尽管世间的道理残酷，但无代价便无所得。这是我在穿哥哥的那双过大的滑冰鞋时领悟到的。

爸爸，尽管我很爱你

　　大学期间，我与国民学校三年级一同初领圣体[1]的朋友们，在主日学校做老师的同时，还经常一起忙碌——夏天准备暑期圣经学校，冬天筹备圣诞活动。在那之前，父亲忙于农田整治工作很少回家，而我刚入大学时，他开始在家附近的一家建筑公司上班，经常警告我："如果你不早点回家，别想进门。"

　　大三上学期的一天，我忙着完成服装制作作业，于是打电

1　初领圣体是天主教特有的一项仪式，是天主教徒非常重要的一项宗教活动，主要面对儿童。——编者注

话回家："爸，我得在实践室熬夜做作业，这里还有很多同学，您不必担心。"但父亲断然回答："什么？不行！必须回家！"然后就挂了电话。当时实践室里至少有 15 个同学在讨论和做作业。当时从大田回鸟致院，必须乘坐大巴或火车，而最后一班大巴通常在晚上 9 点 30 分发车，火车则会在晚上 12 点左右发车，将近凌晨 1 点到站。那个年代，交通并不便利。当晚的大巴已停运，我只得从位于大田市儒城区的学校乘晚上 10 点 30 分的末班公交车赶往大田火车站，然后坐上夜里 11 点 50 分的火车，到鸟致院时已是半夜 12 点 40 分，后来我摸黑走了 20 多分钟的夜路回家。路上几乎没有路灯，道路昏暗，我零花钱又少，打车回家根本不敢想。凌晨 1 点到家后，我翻越围墙进入家中，然后坐在门廊上的老式缝纫机前，踩了一夜缝纫机做作业，直到早上的首班车发车。天快亮时，母亲问我："孩子，你什么时候回来的？你父亲说你要做作业，不能回家。你怎么还回来了？"我回答道："父亲是这么说的吗？他让我回来，我就回来了。我一会儿就要出门了，学校的缝纫机比较好用。"

那晚，父亲对我说："你昨天这么晚才回家，去哪儿了？"我答道："您叫我回来，我不得已才这么晚回的。我跟您说过有事要在学习熬夜，又不是找别的借口。总之，作业已经做完交了。"母亲说："你这孩子怎么就一句软话都不说呢？父亲担心你，才会这么说。"我回答："我已经给出了合理的理由，说我要在学校熬夜做作业，你们应该相信。可为何非但不相信我，反而坚决要我回家？来回走了那么多路，其实你们不想让我走夜路，可结果让我多走了。你们应该信任自己的孩子。"父亲直视着我说："你这脾气像谁？"我笑道："当然是像您啊！还能像谁呢？像温柔如绵羊一样的母亲，还是固执的您？"我刚说完，父亲说："我这辈子第一次见到你这么咄咄逼人的孩子。谁要是娶你，将来肯定有得苦头吃！"

大三暑期圣经学校结束后，学校的天主教学生会开始筹备一场为期 12 天 11 夜的活动，包括支农和夏季短期《圣经》课程。活动地是益山市的一个养殖业村庄，这里的大部分居民患过麻风病，治愈后组成家庭并定居在这里。前五天计划在山区进行《圣经》学习，剩下一周则留在村庄帮助整理环境。

我准备好行李后，告诉父亲我要出去参加活动。然而，父亲坚决反对，"你不能去！你知道那是哪儿吗？你还不了解这个世界的险恶就想四处游荡？我就算死了也不会让你去的！"我在院子里跪下，父亲则在室内怒视着我，"你知道麻风病有多恐怖吗？不谙世事就算了，怎么连基本的常识也不明白！放着该学的不学，跑去那儿？绝对不允许！你今天敢走出这个大门，就别想再回来！"温柔的二姐说："唉，你也真是的。"弟弟在一旁默默观察，看起来有些局促。母亲则坐立难安。几个小时后，父亲说："你如果背着那个包出门，就别再认我们是你的家人，你想做什么就做吧。"

父亲似乎也累了。母亲身体微微靠在门廊边坐下。"孩子他爹！孩子已经约好了，怎么办呢？"听完母亲的话，父亲陷入了沉默。在他望向我那一刻，我拉起姐姐的手站起身："好，我明白了。我先去了，你们不要过分担心。"

我揉了揉抽筋的小腿，背起行囊。全程父亲没看我一眼。母亲送我到门外，一脸歉意地笑着，小声对我说："你这孩子真是固执，路上小心啊。"

结束了长达 12 天的支农活动，我在晚上 8 点左右回到了家。我推开大门，走进院子，喊道："我回来了，平安无事。"听到我的声音，母亲高兴地打开房门欢迎我："回来了？吃过饭了吗？"我把背包放在门廊，进屋给父亲行礼。父亲看了我一眼，摇头道："哎呀，瞧你晒得，跟从非洲回来似的。你个女孩子怎么能晒得这么黑。"我跪坐在父亲的身旁："我平安回来了，您别担心。我一切都好。这次活动很有趣，我学到了很多。"父亲闻言没好气地说："你也不看看自己有没有带病回来，就这么进屋了？"我答道："你这么害怕麻风病吗？放心，那里住的都是已经痊愈的人。请相信你的女儿，不必太过担心。"我接着说，"虽然我晒黑了，但是看到我你还是很开心，对吗？"父亲嘟囔："真是胡说。"母亲笑着说："别说了，快去休息吧。"

父亲一直希望我平安幸福，但都是按照他的想法和标准，没有妥协的余地。支农活动、暑期圣经学校、与朋友的夏日旅行、冬季旅行……父亲总说女生住在外面会出大事，从不允许姐姐们外宿，但我没有放弃自己的计划。姐姐们撅着嘴说："丫头，我们只要被父亲责骂过一次就放弃了，可你从来没想过放弃，才总是搞得家里鸡犬不宁。"

我知道，为了过自己想要的生活，我必须挑战父亲的想法和规矩。哥哥作为男性，总是可以自由安排自己的行程，包括旅行、外宿以及深夜与朋友聚会。但是，作为女性的姐姐们却不被允许外宿和旅行。父亲想要保护我们并没有错，但无论那时还是现在，如果我不打破家中的规矩，那么我能够在别处打破什么束缚呢？我认为除非一个人的行为有道德错误，否则任何人都没有理由限制另一个人的自由与选择。

　　尽管父亲出于对我的爱，希望我像其他女性一样平凡低调地度过一生，但我通过思考和行动告诉父亲，目前的生活方式对我来说是最好的。如果我无法说服父亲，我将在更艰难的环境中生存，也无法争取到任何东西。结婚以后，我一边工作，一边独自抚养孩子，父亲说："你好好在家照顾孩子就行，非要出去吃苦。"当我在有两个孩子的情况下，开始攻读博士学位时，父亲说："虽然有点儿晚，但你学着学着，总能想明白自己该做什么。"当我将两个孩子留在家中，独自前往米兰留学时，父亲对丈夫说："她从未听过我的话。她说要去，就一定会去；说要回来，就一定会回来。我知道你将会很辛苦，但毕竟这孩子一辈子都没听过我的话。可我相信，无论她做什么都能成功。"父亲 38 岁那年才有了我，他和我这个小女儿斗了一辈子，但从未赢过。如今他终于相信无论我做什么，总会取得成功。

　　无论父母提供多少支持和自由，如果孩子自己不采取行动，一切都无济于事；相反，即便父母竖起高墙，若孩子却决意要翻越，他们也无法阻止。我很幸运，每当我需要为自己斗争时，我那固执的父亲总能激发我的斗志；而母亲，虽然时常担忧，却始终支持我，推动我走出边界。

——女儿啊！

无论是那时还是现在，

如果我不打破家中的规矩，

那么我能够在别处打破什么束缚呢？

我认为，除非一个人的行为有道德错误，

否则任何人都没有理由限制另一个人的自由与选择。

母亲的忍耐如同鲸鱼憋气

母亲总是面带淡淡的微笑，然而，她常感到如被无形的绳索束缚一般压抑。每次我有所请求，她总是以沉默应对。若说她并不觉得压抑，那一定是谎言。

母亲深爱着她的女儿们，但对于即将嫁为人妇的女儿，她在心中画下了一条隐形的界线。尽管她从未直言不讳，但这条界线由父权制度所建立，坚不可摧，即使母亲想跨越也难以轻易做到。母亲遵循着这条界线，进入了父亲的家庭，并维持着这条界线度过一生。无数代的母亲和父亲，都在遵守这条代代传承的界线生活。

母亲虽一生忙于早出晚归的工作，然而每逢周日早晨，她总是急匆匆地吃完早饭，拿着装有《圣经》《圣咏集》和雪白面纱的小包袱赶往教堂。我记得，从我幼时起，母亲就牵着我们的手带我们去教堂。做弥撒时，母亲有时会落泪；有时会昏昏欲睡，仿佛在做弥撒，也仿佛在沉睡；有时脸上则洋溢着喜悦，宛如幸福的化身。可有一件事我至今觉得不可思议，尽管母亲做完弥撒后会充满幸福，但当她离开教堂、向花园中的圣母玛利亚致意的那瞬间，又会显得凄凉，仿佛悲伤重新落在了她的肩头。

奶奶则不同，她是那种会舀取井华水向织女星祈祷[1]的人。因此，她对母亲参加宗教活动颇感不悦，总是抱怨母亲一个妇人家在外面瞎晃。在奶奶的影响下，从小被奶奶抚养的父亲也会责问母亲，为何要把辛苦赚来的钱捐给教堂。

"我已经尽心尽力地侍奉公婆，恪守本分，却连上帝都不能自由追随，那我还有何活着的乐趣？只有上帝的教诲，才让我有力量活下去，祈祷是我生活的动力，否则我该如何面对生活？"面对丈夫的责备母亲只是微笑着不言，然而在我们面前，她却会如此说。

1　韩国七夕节时的一种习俗。

在父亲年过七旬，将所有工作妥善安排后，他开始安心地待在家里与母亲一起打理门口的菜园。然而某日，这平静的生活被一场争吵打破。因为母亲参加教友聚会，没有为父亲准备午餐，父亲气急败坏地将家中的圣母像和十字架全都打碎。那是母亲第一次大声反抗父亲。那个发生争吵的周末，我和姐姐们都聚在了娘家。

父亲生气地坐在卧室，而母亲则带着难过的表情待在客厅。我问父亲："爸，您为什么这么生气？"

父亲似乎还没消气，他咬牙切齿、疾言厉色地说："你妈这一辈子给那个所谓的上帝捐的钱都够买两套房了。如今这时代早已戒烟戒毒，她就是戒不掉那个上帝！信上帝有钱拿吗？有什么好处？我这辈子辛苦赚钱，可你妈却如此糟蹋，三天两头地往教堂跑。我辛苦赚钱养了她一辈子，她应该先照顾我才是，可她却整天忙着什么教堂清扫、教友聚会……"

我大声地、语气坚决地对父亲说："爸，你是不是想离婚？你的财产中有一半是母亲的，再加上你因为母亲的信仰给她施加的压力，她还有权要求精神损失费。你已经年纪大了，为何要去折磨信仰上帝的善良的母亲呢？你就让她安心祈祷吧。"

以前，每当我坚持自己的观点时，母亲总说我吵闹，而现在，她默默地坐在客厅里听我说话。姐姐们劝我说："行了，别说了。爸也是因为妈不在家，他一个吃饭感到孤单才会这样，他这是因为爱母亲。"

"我知道父亲是爱母亲的。既然爱她，就要用包容的心去理解、关怀母亲热爱的事物。为什么反而要折磨母亲呢？宗教自由是法律所保障的。即使父亲的祖先苏醒，要求母亲不要去教堂，她还是可以去的。父亲既无法拯救母亲的灵魂，为何还要阻止她去呢？"

父亲苦笑。我接着说：

"爸，你想象一下，如果我的丈夫因为我与他的观念不合，便如此折磨我，我是否就应默默承受？如果我有事需要外出，而丈夫却要我待在家中做饭，我是否应该认同他的想法，勉强过这样的日子？如果我每日如此生活，你心里会舒服吗？顺从一生的母亲，也曾是别人珍贵的女儿。你不能一直为了自己的便利行事。母亲能够忍受至今，是因为她深爱您。一切都源于爱，你难道不明白吗？"

"母亲确实深爱着父亲。"一直在一旁倾听的姐姐们附和道。

母亲一直对父亲顺从。不仅如此，她一生尊敬公婆，俯首恭敬地侍奉他们。父亲辛苦地在外地挣钱，而母亲则拼命攒钱，从不舍得给自己买身像样的衣服，努力供我们5个兄弟姐妹上大学，一直过着俭朴的生活。尽管如此，母亲唯一的反抗，就体现在她对信仰的坚持。从结婚初期直至父亲去世，即使听到父亲说"宗教如鸦片"，母亲也始终没有停止为父亲祈祷。现在想来，母亲一直借助信仰，与神共同承受生活的艰辛。

对母亲来说，信奉神是唯一的喘息之道。过去，母亲与外婆相依为命，后来她踏入像深海一般的全新生活——婆家。在这个生活环境中，唯一能让她呼吸的是周日上午的弥撒，然而父亲却对此表示不满。

母亲用实际行动告诉我，在人生中有些事情可以妥协，有些事不能。母亲终其一生向我证明——对有些人来说，有一些特定的事物是绝对不能做出妥协的，那可能是宗教、工作或者思想的自由。尽管父亲曾试图消除母亲的宗教信仰，但最终还是失败了。

"我已经尽到了自己的本分，忍受困苦，过着节俭的生活，可我一周仅有的几个小时去教堂都被禁止，这样的生活还能算人吗？"我记起母亲曾对父亲说的这句话。虽然母亲一直顺从于公婆和丈夫，但她仍然坚守自己的信仰。

母亲的一生就像是从陆地迁徙至深海的鲸鱼，每次回想起她，我都感到窒息。然而我又对母亲深感感激，因为在那种让人窒息的生活中，她从未放弃自己的信仰。人生总会有像鲸鱼憋气般艰难的时刻，每个人都会遇到，并需要忍受这样的时刻。母亲一生都坚定自己的信仰，她展示了争取自己想要的东西时应有的决心和毅力。

结婚前，没有受过教育的母亲与温柔的外婆一起做手工，每到春天她喜欢去山上采野菜，抱着菜篮子在山里来回穿梭；结婚后，母亲选择像鲸鱼一样长时间憋气，让我们可以安心地踏越那条界线。对于这样的母亲，我内心充满无尽的感激。

——女儿啊！
人生总会有像鲸鱼憋气般艰难的时刻，
每个人都会遇到，
并需要忍受这样的时刻。

母亲一生都坚定自己的信仰，
她展示了争取自己想要的东西时应有的决心和毅力。

我曾恨自己是个女儿

孩子总是不由自主地和父母相像。或许因为我全盘继承了父亲的固执,所以他总是感到遗憾和忧虑。他担心固执的我出嫁后会受苦,或因固执而被抛弃,最终又回到家中。也许正是这样,他向带着酒坛子跌跌撞撞走进家门的第三个女婿,也就是我的丈夫,一边倒酒一边说:"你现在还不了解她,将来有你的苦头吃。"父亲无法改变我的固执,我总会去做我想做和必须要做的事,无论是立即行动,还是等待时机,或者寻找曲线救国的方法,我最终都会完成。因此,在养育我成人的过程中,父母不止一次为我担忧。而且不只是我的父母,与我同住的丈夫也曾多次为我感到忧虑。

丈夫偶尔调侃地说：

"总觉得岳父大人虽然嘴上说着'将来有你的苦头吃'，但脸上却是一副看好戏的样子，嘴角似乎还带着一丝微笑……是我被爱情蒙蔽了双眼，没能提前察觉到。原来岳父大人早就知道那种只有吃过苦头的人才能切身体会的微妙感受！"

虽然我从小也经历过一些令人难过的事情，但我并没有过多地怨恨过父母。结婚后就更是没有什么怨恨，反倒是每次从婆家回来，我都会满心想念自己的父母。当我成为媳妇时，终于明白为什么父母要那样对待女儿。

2014 年夏天，我开始准备带家人去美国进修时，就在我们去美国的一周前，我带着刚上大学的女儿和初一的儿子回家看望了父母。父亲对两个孩子表达了自己的期望："去了大地方，多学些东西。"然后顺便对我说："你要照顾好全家人。"丈夫在我身边笑着说："岳父大人，这是当然的，请您放心。我们也是这么想的，毕竟岳父大人的女儿，在世界的任何角落都无所畏惧啊！"

父亲苦笑着。我对他说："爸，你别担心！我会负责照顾好全家人。你只需要做好准备，等到 10 月来美国就好。听说那里秋天很美，咱们可以一起去看科罗拉多大峡谷，还有华盛顿和纽约。"父亲点头："好，当然要去看看。趁着你在那里的时候过去，我有生之年还能去上一回。托你的福，我才能够去欧洲以及日本、中国旅游，现在连美国也能去了！"母亲则说："本以为我这辈子都去不了美国，好在有你，我才能去啊。你要照顾好自己，照顾好孩子们。"我上车挥手告别父母："爸，你一定要来！如果 10 月不方便，11 月也可以。我们在那边会好好生活的。"那时，父亲穿着一件短袖白衬衫，高高地挥动着右手向我们告别。我做梦也没想到，那会是我最后一次见到健康的父亲。

2003 年，我将两个孩子托付给丈夫，独自去意大利留学。回来后的 2004 年，我陪着刚过完七十大寿的父亲和母亲去欧洲三国——意大利、法国和英国——进行了为期两周多的背包旅行。回想起来，我的父母在十多年前就已经和我一起体验了如同热门综艺节目《花样爷爷》中那样的黄昏背包旅行。

所以，当我决定去美国进修的时候，父母一边回想欧洲的旅行经历，一边对我说："咱们也该去美国看看啊。多亏了女儿，如今也能去美国了。"父亲拥抱了他格外疼爱的外孙女和外孙子，叮嘱我们好好学习，要平安健康地回来，然后送我们离开。

那年秋天，父亲被确诊为肺癌。电话里，母亲的声音充满了担忧，而父亲则说："别担心！等我治好了，还要去美国看看！说不定等春天花开时，我就能过去。"到了12月，随着抗癌治疗的进程，父亲的身体日渐衰弱，母亲开始做好心理准备。到了次年1月底，父亲的病情突然恶化，便紧急送入重症监护室。2月中旬，我紧急回国看望了父亲。他躺在大田乙支大学医院的重症监护室，那个曾经熟悉的身影变得如此陌生。我离开家的时候，才是短短六个月前的2014年8月1日，但现在父亲却已经躺在重症监护室，戴着呼吸机，身体也消瘦得让人心疼。

在病房里众多重症患者中，我无法在不看病历卡的情况下认出我的父亲。父亲已经瘦弱不堪，他的胸膛微微起伏。那一刻我其实不知道自己该说些什么，只是看着父亲的眼睛，说出了从未对他说过的话："爸，我爱你！"

尽管我无数次对女儿儿子和丈夫说过"我爱你"，但这是我第一次对父亲大声说出。母亲在一旁说："老头子，女儿来了，睁开眼看看。"我握着父亲的手："爸，你之前身体多好，还说过要去美国。你都答应过的，怎么就这样躺在这儿了？"父亲没有反应，我在他的病床前默默地流泪，我明白，即使已经迟了，我还是要对父亲说出我心中的话。

"爸，谢谢你给了我坚强的意志，也谢谢你给了我一旦下定决心，就会不顾一切地把事情完成的勇气与信心。我明白，你做的很多事情都是出于爱我，担心我受伤，想保护我。我也明白，当我跨过界线、摔倒受伤后，是你给了我重新站起来、继续向前的力量。从我出生起，是你让我能够拥抱勇气与激情。我明白，你给予了自己所能给予的最珍贵的东西，所以我非常感激你，也很爱你。一直以来，我没能说出我爱你，真的很抱歉。如果不是你，我无法拥有现在的生活。"

一旁的母亲默默地听着我的话，泪流满面。而我情不自禁地将心里的话都说了出来：

"可是，你要知道！过去我恨自己是个女儿，直到现在我依然觉得委屈。成为女儿并不是我的选择，可是你总是因为我是女儿而放心不下。你给了我太多，本可以对我有所期待和要求，可是你说不能给嫁为人妇的女儿太多负担，总是与我保持距离，这让我觉得很难过。"

回国的第一天，我见到了父亲，我告诉他我曾因为自己是女儿而感到难过。那天晚上，我思考了许多。在我情不自禁地说出那句话时，我心中的巨大悲伤似乎也随之消散了。虽然这话听起来不敬，但因为真实反映了我的内心，我感谢父亲听我诉说心中积压已久的不满，让我得以解脱。

那次回国的行程短暂，只有三天两夜。因此，第二天，在距离春节还有三天的日子里，我最后一次见到了父亲，我再次向他表达了我的心声：

"爸，我真的很爱你。我从未直视您的眼睛说过'我爱你'，我很抱歉。还有，我曾在年幼时让你伤心，对此我深感愧疚。然而，若没有那些经历，我也无法成为现在的我。你总是用爱守护我、关心我，对此我无比感激。虽然我曾经恨自己是个女儿，但现在我不再有这种恨了。我很幸运能成为你的女儿。感谢你让我成为你的女儿，这让我过得很幸福。我即将返回美国。再过两天就是春节，春节过后春天就会到来。到时候，您要赶快好起来，来美国看你宠爱的外孙女。爸爸，我爱你！"

说完这些，我人生第一次亲吻了父亲的脸颊和额头，与他道别。

父亲在我离开韩国、回到美国的那天离世了。在重症监护室，我不仅想眼含热泪地告诉他我有多爱他，不仅希望他能快些好转，我还想在最后一次面对深爱的父亲时，把心底的话语都告诉他。

在那一刻，我开始明白，父母总是会留下无尽的看不见的礼物后离开我们。只有我知道父母留下的礼物中有什么，也只有我能打开它们。因此，父母可能只是将礼物交给孩子，却无法看到孩子如何打开礼物。

父亲在他人生的最后一段旅途中告诉我——人生中，无论面临多少困难和琐碎的纷争，即使它们像沙子一样平铺在我们的人生路上，也只有我们自己能打开父母给予的礼物，让它成长、开花、结果。

如今，我依然思念父亲。他曾坚定地说："身为女儿，你们孝敬公婆已是不易，如果还要照顾父母就更加艰难了。"怀上女儿六个月后，我挺着大肚子回到娘家，父亲从院子里的樱桃树上摘了一篮子樱桃，笑着对我说："知道你喜欢吃樱桃，我已经提前摘好了。樱桃很甜很好吃，你多吃点儿。"我思念那个满面笑容的父亲。

我希望那句"我恨自己是个女儿"已经成为过去。毕竟，我们在出生之前，都无法选择成为女儿或是儿子，不是吗？

愿你毫无保留地
爱自己，肆意而活

爱的技巧

所谓"爱的技巧",既不是烹饪技巧、生存技巧,也不是战斗技巧、育儿技巧,就是爱的技巧!

大学一年级时,艾里希·弗洛姆的《爱的技巧》[1]风靡学生群体。读完这本书,我顿悟了:"要真正懂得爱,必须经过训练。原来,爱也是一门技巧。"我感觉似乎窥见了一丝存在主义的智慧。我十分认同作者的观点——人虽为动物,但身为理性社会存在,要实现爱情,需掌握技巧——以及其科学和哲学的

---

1 原作是德裔美籍社会心理学家艾里希·弗洛姆(*Erich Fromm*,1900—1980)于 1956 年出版的 *The Art of Loving*。该书于 1972 年正式引进韩国并以"爱的技巧"为译名出版。

阐述，以至于我曾经想过，若有一天我谈恋爱，我要尝试使用所有存在的技巧，和不存在的技巧。后来我忘记了这个想法，因为在施展"爱的技巧"之前，我需要先掌握"恋爱技巧"。

后来，我和丈夫恋爱、结婚，我意识到真正需要爱的技巧的时刻已经来临。婚礼上，我与丈夫互相宣誓："直到死亡把我们分开，我们将永远用信念、爱情和尊敬来守护家庭。"那一刻我仿佛看到往后的人生里，我要一直去爱一个男人，尊重他、施展爱的技巧。现在回想起来，婚礼只不过是站在无尽的人生道路前，勉强把门推开一个缝隙、迈出第一步的地方，但当时我却误以为自己的人生已经落幕。不得不承认，我在不经意间被诸多童话书的结局洗脑了。

一个人对另一个人的理解与爱，若要维持到直到死亡将两个人分开，实属不易。经过了 26 年的婚姻生活后，我深感这不仅仅是困难或艰辛，更是一种痛苦的修炼。在信念、爱情与尊重这些美好的语言背后，隐藏着忍耐、孤独、痛苦与修炼。

婚姻，不过是在家庭这个框架内，以承诺的方式实践"爱的技巧"，不多不少。我们因爱结婚，但婚姻并非爱情的同义词。我在大学时阅读的《爱的技巧》和课堂中学到的辩证法告诉我，世间没有永恒不变的事情，爱情亦然。爱情，看似甜蜜，实则复杂多变。它会经历成长、发展、动摇、流动、贪婪、嫉妒，甚至可能消逝，无法简单定义。爱情在情感成熟与肉体交融中延续我们的后代，却也可能破坏彼此之间的关系，如同变幻莫测的天气，难以预料。

不经意地想一下，爱的技巧似乎是用技巧去爱人，是一种付出。然而，在经历了 26 年的婚姻生活后，我发现爱别人实际是"为自己"。因此，这并非简单的技巧，它隐藏着艰难，且极其自私。但有趣又奇妙的是，尽管爱情的终极目标是自身的幸福，过程中却总要关注对方的满足、快乐、放松与平安。爱的技巧这门学问，其精妙之处在于巧妙运用技巧却让人觉察不到。要登上这门学问的顶峰、真正触及其精髓，需通过不懈的实践与磨炼提升技巧，同时又要显得未曾刻意练习。说到底，虽然施展爱的技巧是"为自己"，但最终需达到让对方感受到极致快乐的境地，这的确是个难题。

在婚姻中，要想让双方都感到幸福，并非易事，这就是婚姻的本质。结婚虽源于彼此的爱，但让双方都感受到幸福却颇具挑战性。甚至即便爱已消逝，结束婚姻也并非易事。

为了爱自己，我们去爱对方；为了了解真实的自我，我们努力理解对方。因此，婚姻生活与佛教的缘起说——世间万法皆是因（直接原因）缘（间接条件）和合而成——息息相关。不仅佛教如此，耶稣也曾教导："其次也相仿，就是要爱邻舍如同爱自己（《马太福音》22:39）。"难道丈夫还不如邻舍吗？无论佛陀还是耶稣，他们都强调："哪怕是为了爱自己，也要去爱人。""像爱惜自己的身体一样去爱邻舍。"因此，无论我们是追求佛教的空灵境界，还是致力于拯救灵魂，只要真心爱护我们的终身伴侣，总会有所得。只要去爱，就足够了。

因此，我在结婚时做出了重大决定——全心全意地去爱我的丈夫，全力以赴地施展爱的技巧。因为这将成为"最为有效的爱自己的方式"。

只是思考，自然简单。然而，在韩国社会中，婚姻生活的难度更甚于高空走钢索。走钢索虽只需系紧安全带，走过数百米即可结束，但婚姻之路没有尽头。不仅如此，在充满浓厚儒家文化迷雾的婚姻之路上走钢索，你要背着孩子，头顶梦想，前行中只能抓紧丈夫这根平衡杆，这难度无疑比最高级的走钢索更大。

　　婚后，我开始观察丈夫的一言一行，他的世界仿佛一面镜子，映照出我自己的世界，这令我感到欣喜。我必须坦率地承认，对我来说，婚姻是了解人性的窗口、实践爱情的舞台，其终点正是"了解自我的门"。

　　经过 26 年的婚姻生活，我深知爱情的确需要技巧。用现在的话来说，那就是大量抓取数据，精准理解自己的爱情运行在哪条轨道上，并通过过去的经验，洞察微妙的爱情技巧中的不足，进而推导出当前阶段应执行的任务，以保障接下来短期内能够顺利运转。如果你无法了解自己知道什么、不知道什么，无法了解各自欲望存在哪些差异，甚至无法了解各自欲望的程度和内容，那么不仅是爱情，你们的婚姻都可能因为现实的认知差距而面临风险。

　　爱情的宣誓和婚约的签署并不是婚姻的终点。尽管一张离婚协议书就可以终结一场婚姻，但婚姻并不仅仅是立下誓约就圆满。在婚姻中，我在成为他人的妻子、媳妇、母亲之前，首先是一个选择了爱情并持续磨炼爱情技巧的人。

　　回想起来，婚姻可能只是设定的一个最基本的边界，以便人们在此基础上无止境地磨炼爱情技巧。踏进这个边界之后，夫妻双方要做的就是各自磨炼技巧，将这个空间变成格斗擂台、双人滑冰场、专门为短跑设定的赛道，或是需要长距离耐力的马拉松赛场。

当我 25 岁的女儿说她要结婚时，我不由得笑了出来。想到她的耐心和毅力，我觉得她可能会比我更热切地磨炼爱情技巧。

——女儿啊！

愿你享受爱情的过程。

如果可能的话，

愿你的婚姻和爱情不是激烈冲撞、追求一击必杀的格斗竞技，

也不是单纯向着目标疾跑的短跑比赛，

更不是全力奔跑直至呼吸困难的马拉松比赛，

而是像花样滑冰那样调整好呼吸、跟随音乐，扶持着彼此，优雅地共舞。

然而，要注意的是，

不要相信以誓言为开始的婚姻，

也不要迷恋那些以结婚为美好结局的童话故事。

因为，因爱结合的婚姻，是漫长人生的共同旅程，

它并不依赖言辞，而是需要实际行动。

共浴是爱的对话

我在大学工作时，学校有时会针对某个特定课题，进行为期两天一夜的研讨活动。在对大学中的某个尚未解决的议题进行报告和讨论后，晚上会有一段自由时间供大家休息和闲聊。但让人尴尬的是，在 20 多位参加研讨的人员中，只有我一个女性选择留宿。

晚餐后，培训中心的会议室里摆放了简单的饮料和水果，所有教职员工面对面坐在桌前，分享各自的人生经历。

一位刚刚初为人父的 30 多岁的员工说："在这之前，我从不知道养孩子这么辛苦。"坐在旁边的组长 40 多岁，他的孩子正在上小学，他说："孩子刚出生的时候最幸福了！等孩子长大，孩子妈妈眼里就只有孩子了！"临近60岁的课长则说："正是好时候啊！时间过得真快……我光顾着忙工作，已经忘了孩子是怎么长大的。"而年过花甲的教授开口道："你们这些人真是身在福中不知福，人生本就如此啊！"说完，他饮尽了杯中的饮料。席间，大家聊的不过是生活里的琐事，却勾起了彼此的共鸣，大家时而低叹，时而附和。

大家开着玩笑，谈论各自的处境，我只是在一旁默默地听着。这时，一位我平日里熟识的30多岁的年轻员工问我："你的婚姻生活怎么样？"我回答道："虽然婚姻生活很辛苦，但我和丈夫至今仍保持共浴的习惯，可能这就是我们能坚持到现在的原因。"

说完，我所在的这一桌顿时安静了下来。所有人都目瞪口呆，一时不知如何回应。我不确定他们是对我的坦诚感到惊讶，还是惊异于我们二十年如一日的共浴习惯。我无从知晓他们脑海里浮现出了怎样的画面，但刚刚那位向我提问的员工却说："真羡慕你！"一位面露顽皮之气的40多岁的员工摇了摇头，说："你们家还一起洗澡啊？我都记不清上次是什么时候了……"一位快50岁的教授脸色通红，睨视着我说："你们居然还在一起洗澡！太羞耻了！"旁边桌子的一位刚过花甲之年的教授则感叹："我这是听到了什么奇闻啊！"

我接着说："互相帮对方搓背，挺好的呀！结婚不就是为了找个人给自己搓背吗？"话音刚落，所有人都陷入了沉默。

我认为，无论是我还是他们，我们在享受更多的居住和呼吸空间时，往往忽略了一个事实——彼此之间互相逃避的空间也变多了。随着我们的房子和空间变得更大，需要处理的事情也更多，我们就容易忘记——夫妻之间想要分享彼此的生活，就需要共享同一间浴室。

尽管浴室是家中最小的空间，但它的扩展性极强，比家中任何其他空间都更具人情味。结婚后，我们决定无论工作多忙，生活节奏如何变化，都要一起沐浴。孩子出生后的一段时间，我们一家三口会一起沐浴；丈夫做住院医师的那段日子，一个月只能回家两三次，我们也会一起沐浴；我在群山找到工作后，我们夫妻俩每个周末都会一起沐浴。即使孩子们大了，冬天我们还是会对孩子们喊："爸爸妈妈要洗澡了！"以此宣告热水的"主权"。无论我们有争执，还是因为各自的父母或是孩子们的问题争吵，我们都会一起沐浴，互相搓背。

我认为，浴室是磨炼爱情技巧的绝佳场所。韩国水质优良，价格合理，水务基础设施也无愧世界一流。在这样的洁净水源中洗去一天的疲惫与尘埃，是一种不能与除丈夫以外的任何人分享的、最为简单而又朴素的爱情技巧。洗澡并不需要特殊技巧，也不需要宽敞的空间，更不需要很多工具，没有比这更容易实践的行为了，唯一需要的就是用心，只要彼此相爱就足够了。

夫妻间相互搓背的简单行为，让彼此能够坦诚地看待对方。两个相伴一生的人，从彼此的背后看到对方的疲惫与衰老，这超越了单纯的视觉感受。于我和丈夫而言，一起洗澡、互相给对方搓背，就像是吃饭、散步一样单纯、自然。

新婚之初，丈夫 20 多岁，他那既不弯曲又宽厚的后背上，有三颗饱满的红痣；年近 40 的时候，他的背上又长出了其他小痣；过了 40 岁之后，丈夫背上的痣多到宛如 19 世纪点彩派画家的作品。丈夫背上的痣越来越多，我觉得应该去掉一些了，但他不以为意。反正从背后观看的人是我，对他来说又算得了什么呢？年近 50 的某一天，我和丈夫都感到很疲倦，我漫不经心地给他搓背，心头突然涌出一个想法：难道这些在丈夫背上安居的痣，是艰辛岁月的凝结吗？

夫妻共浴的效果在彼此想法完全不同时尤为显著。2017 年冬天，我和丈夫开始盖房子、布置庭院，无论是吃饭、喝茶，还是洗澡，我们都在讨论该如何布置。由于没有专业人士帮助，选定花园的构造和树木的种类比想象中困难。丈夫主张搭建篱笆，在上面栽种迎春花，而我想种四季常青的圆柏；我提议在院子里种植草坪，而丈夫则主张铺圆形鹅卵石；我想在庭院中央用合成木材搭建一个小露台，而丈夫则表示自己不喜欢露台，想建一个小花坛。这个过程让我们了解到彼此对家庭空间的不同构想——想做什么、看什么，如何度过时间，各自对植物的喜好，以及各自喜欢的空间有何不同。

在最终敲定布局的那一天，我在浴缸里灌满了水，还放入了我们很少使用的薰衣草浴盐。在浴缸中，我们彼此做出了巨大的让步——一半围墙种丈夫喜欢的迎春花，另一半则栽种我喜欢的两米圆柏；院子里不铺设鹅卵石，而是种植草坪；露台则只搭建一个最小型的。作为交换条件，我负责修剪草坪和拔除杂草，而丈夫则负责偶尔给树木喷洒防霉剂和除螨药。丈夫希望通过前期布置庭院时的努力，来尽量减少后期的维护工作；而我哪怕被泥巴弄脏双手，也要满足自己的愿望。

我们结婚 26 年，也整整共浴了 26 年，现如今我们时常误以为了解彼此，尽管我们在同一个空间里，我们的生活方式却各不相同，但我们始终是一体的。令人欣慰的是，我们共享着一个可以相互妥协的沐浴空间，在这里，我们在连自己都看不到的背后，为彼此擦拭着孤独与悲伤，而浴缸则帮助我们灵活地确认彼此之间的观念差异。

这26年里，我们在共浴的时候做出的妥协，远不止布置庭院这一件事上——当我生完孩子后决定开始工作，当我工作一段时间后决定攻读博士学位，读博期间，尽管我育有两子还是计划去意大利留学，当我需要把刚满1岁的儿子交给丈夫照顾，当我和丈夫在工作日里分居两地，当丈夫需要照顾两个孩子——我们在这些过程中作为彼此相爱的人生伙伴，在这个最小的空间里为对方搓背，互相理解和妥协。因此，共浴是一件值得我们一直延续到生命终点的事情。

　　——女儿啊！

　　不要用你花朵般的后背去承受孤独。

　　无法被深爱之人擦拭的后背，用来回避彼此心事的后背，

　　都象征着爱的缺失与孤独。

　　用爱的沐浴，

　　擦去彼此背上沉重的忧虑与生活的疲惫吧！

夫妻的世界

2020 年，电视剧《夫妻的世界》中李泰伍大喊："爱上一个人怎么可能是罪过？"引发了全国观众的反感。这句话深深烙印在了我的脑海里。它并没有错，爱情是罪过吗？不是。爱情需要资格审查吗？不需要。爱是可以控制的情感吗？当然不是。正如朱利安·巴恩斯所说："如果可以控制，那就不是爱。我不知道那叫什么，反正不是爱。"[1] 我们能用什么方法去阻止爱情呢？你问我，有个好丈夫，还讨论什么爱情？这话无意义。无

1　朱利安·巴恩斯（Julian Barnes，1946 年 1 月 19 日—），英国后现代主义文学作家。这句话出自他的长篇小说《唯一的故事》（*The Only Story*）。

论是坠入爱河，还是渴望爱情，都不是罪过。因此，只要两个相爱的人没有触犯法律，无论他们身处何种境地，我们都不能轻易说他们有罪。

违背合法的婚姻誓言，难道就是罪过吗？如果这是罪过，那么那些因爱情变质而与别人相爱，最终离婚的男女岂不是犯罪者与受害者？许多离婚的男女也只不过是像我们周围的那些人一样，对爱情有所动摇，经历爱情的起伏，过着平淡的日子。离婚，仅仅是描述人际关系的一种状态，没有其他含义。

我们怎能将爱情的产生与消亡定义为犯罪呢？我问丈夫他怎么看，他说："对，这不是罪过，而是道德问题。"如果说李泰伍有罪，那罪就在于未能坦诚地告诉妻子自己陷入了爱情，还试图通过此事获得金钱上的安稳。我随口对丈夫说："如果你爱上了别人，要立刻告诉我，千万别到时候对我说'当初是你说爱情不是罪过'。"丈夫大笑着回应："好！既然爱情不是罪过，那么我会坦诚地告诉你。你放心！"话虽好听，但如果真发生这样的事，我可能会四处奔走相告，甚至在丈夫的单位门口举着牌子站一个月。也许因为这事还没发生，我才能如此泰然自若。

新婚伊始，我们把彼此的誓言视为理所当然。后来，我和丈夫笑着约定，如果不爱了就立刻告诉对方，爱上别人也要马上说出来，财产依法处理，孩子由愿意负责的一方妥善抚养，另一方要按时支付抚养费。

结婚几年后，我问丈夫："如果你不再爱我了怎么办？"他回答："那是不可能的事。"到了结婚10年，丈夫的回答变成了："我很难说，如果我变心了该怎么办。"15年后，所有财产都在我的名下，丈夫说："如果离婚的话，我会一无所有，所以绝不可能发生这种事。"20年后，丈夫悄悄问我是否会"平分家产"。随后，在我们结婚22年的时候，我们建了房子，需要办理产权登记。丈夫向我——土地的所有者——提出要把房子登记在自己名下，"我一无所有，所以至少要有一套房子"。

看完《夫妻的世界》之后，有一次我和丈夫一起喝茶，他问我："假如我们离婚，财产真的会平分吗？"我大笑。对于孩子们都已长大的夫妻来说，如果彼此不再相爱，感情也破裂了，那么最后需要处理的就只剩财产，想到这里我顿时感到有些苦涩。我回答道："当然要按照法律规定平分财产。孩子们都已经长大了，没必要为了谁多谁少发生争执，太麻烦了。"

结婚23周年时，两个孩子说："爸爸妈妈的幸福最重要，如果你们觉得在一起生活很累，就各自去寻找幸福吧。不要担心我们。"在人们广泛指责卒婚、黄昏离婚、分居，认为夫妻之间应该为了责任而维持婚姻的社会氛围中，能听到两个孩子说"爸爸妈妈的幸福最重要"，我感到很欣慰。我因此而确信他们知道无论父母选择怎样的相处方式，都不会有损孩子与父母之间的关系。

孩子们已经长大了，他们如此尊重父母，甚至祝愿我们幸福。之所以能听到这样的祝福，是因为在这个世界上，即使一切都改变了，亲子关系也是不会变的。相比之下，夫妻关系是多么脆弱的关系啊！

即便是相伴一生的夫妻，婚姻生活也不能优先于个人的幸福，所以夫妻的世界是复杂的。如此看来，夫妻的世界就像一方荷花池——外面包裹着爱的糖衣，里面则充满了欲望的纠缠。换句话说，荷花池中虽充斥着浓郁的荷花香气，但它的根却纠缠于混杂了各种成分的污泥之中。能够身处这种将欲望暴露无遗的夫妻世界中，我感到自己是幸运的。因为我能够直面对方的欲望，也可以将自己的欲望毫无保留地暴露在对方面前。然而，欲望并不像我们想象的那么简单。无论是哪种欲望，欲望强烈的一方总会压制和消磨欲望较弱的一方。

更何况，爱情与欲望似乎相似却又不同，界限模糊，爱情与尊重亦然。就好比，如果丈夫称之为爱情，但在我眼中却是欲望，那究竟是爱情还是欲望呢？如果两者都不是，那么是夫妻关系吗？这就好比抽刀断水，虽割而不断，留痕却无痕。身体知道，大脑也明白，却无形无影，只剩下模糊的情感。这种模糊随着时间的积累，我们终于看清了其身形，知道了那究竟是爱情还是欲望，虽不说出口，但当事人心里却已了然。

荷花非恒常盛放，荷叶亦非永远繁茂。只因生逢其时，荷叶长出，荷花盛开，荷花凋谢，莲蓬初显，一切只为生存。

《夫妻的世界》播完后不久，有一天我对准备出门上班的丈夫说："如果你心里有潜藏的欲望，不妨说出来。我会尽力帮你实现。"一听这话，丈夫微微一笑。两个人因爱情走入夫妻的世界，在那里直视和消费彼此的欲望，同时再次获得爱情，这真是一个复杂的世界，但也因此才更能彰显其魅力。

你只管负责生，我这个爸爸会负责带

女儿年满 4 岁的时候，我也即将步入 35 岁，公公婆婆开始变得急迫。他们坚持说："无论是男是女，都应该生两个孩子。"于是，他们为我预约了一家有名的韩医诊所。那时候我一边上班，一边教课，还要独自抚养孩子，身体已经不堪重负。年近七旬的韩医师为我把完脉，说："你手脚冰凉，是宫寒，需要吃药。"接着开始观察我的眼睛，"你的神经非常敏感，要保持平和的心态，这也很重要。"

一周后，公公婆婆带着药来到了我们在大田的家，他们为已经成为住院医师、定期在各科室轮转的丈夫带来了补气的药，而带给我的则是有特定功效的药——有助于怀孕的药。这种药是否真的有效，或者仅是人们愿意相信它有效，我这个外行实在是不知道。他们还准备了服药期间需要忌口的饮食清单，并叮嘱我必须按时服药。

我对他们心存感激。然而，当我接过药的那一刻，内心升起一阵寒意。我开始思考——吃了药就能怀孕吗？若命运让我怀上这个孩子，孩子会健康吗？生女儿的时候做了剖宫产手术，所以再次生育还得做手术，一切会顺利吗？我能保持健康吗？抚养两个孩子的同时，我还能继续工作吗？——我忍不住想起了丈夫朋友的妻子，她因产子而离世。虽然我曾决定在 34 岁时生孩子，但当我真的接过药，心中只觉得凄凉，然后心情沉重地叹了口气。

当验孕棒清晰显示两条线时，我对丈夫说："真的又怀孕了，我好开心。本来我还担心，准备生孩子但没怀上怎么办。"丈夫说："这太好了，但我很担心你。你之前就做了剖宫产，现在年纪大了，更难顺产。"说完，他叹了口气。我轻笑道："除非我死，还有什么更糟糕的吗？反正第二个孩子就要来了，这已经算是成功了。"

丈夫听我提到死，脸色立刻变了。我接着说："要是第二个孩子也是女儿，你爸妈会不会要求我们再生一个？你知道他们对儿子有多执着。"丈夫说:"别担心!你也不再年轻了,而且虽然我母亲那个时代的人大多生五六个孩子,但她觉得辛苦就只生了两个,她不会这样要求你的。你先好好休息。"

怀孕五个月时,丈夫认识的前辈,一位妇产科医师看着超声波说:"这小家伙像他爸爸,额头宽,长得很帅。"这位医师与丈夫关系亲近,他对一旁的丈夫说:"第一个孩子是女儿,对吧?这下你父母一定很高兴!"我看着丈夫的眼睛说:"老公,第一个孩子是我带大的,我希望第二个孩子由你来带!"当时丈夫成为住院医师已经是第三个年头,他开心地对我说:"当然,这有什么难的!"我轻声说:"孩子刚生下来需要母乳喂养,在你成为专科医师之前,我可以带孩子,但是接下来得由你来。尿布你来洗,奶瓶你来煮,还要整理宝宝的衣服。之前你几乎什么也没做,所以老二得由你来照顾。"丈夫还沉浸在喜悦中:"放心,这是我该做的。你只管顺利生下孩子,我会照顾好孩子们。"

我通过剖宫产生下了儿子,开始进行母乳喂养。照顾晚睡的儿子,让我觉得产后调养的这段时间并不轻松,整整一个月,他总是会待到凌晨4点才睡觉。我在1月生下儿子,寒假期间度过了产后调养期,3月开学重新开始在大学和我的设计学院授课。我在家附近租了一个办公室，每天母乳喂养后，我都会抽点儿时间前往办公室处理工作事务。有位老实可靠的育儿嫂每天早早地来帮我照顾两个孩子，陪他们一整天。而我则挣到了足以支付育儿嫂工作和办公室运营费用的收入。

儿子年满 1 岁后，丈夫被一所大学医院聘为急诊医学科医师，我则开始攻读博士学位。我的父母提议为了庆祝丈夫入职，举办一场庆祝家宴，于是我们收拾好奶瓶、尿布和孩子们的衣服前往鸟致院娘家。姐姐们看到小儿子，纷纷说长得真像孩子的爸爸，喜欢得不得了。

吃晚饭时，我对大家说："女儿是我带大的，所以我丈夫会负责照顾儿子。"父亲和母亲笑笑没有说话，因为他们以为我在开玩笑。姐姐们则说："话虽简单，有那么容易吗？他现在刚进大学医院，光是上班就已经很累了，照顾孩子这事自然该由你来做。"我说："当年我可以一边上班，一边照顾女儿，为什么孩子的爸爸就不可以呢？毕竟前有育儿爸爸沈清[1]之父，这就证明爸爸也可以照顾孩子啊。我要开始读博士了，由孩子的爸

---

[1] 沈清是朝鲜古典小说《沈清传》的主人公，沈清出生七天后丧母，由盲父沈学圭独自抚养成人。——译者注

爸来照顾小儿子不是正合适。"听完我的话，姐姐们说："沈清那是因为自幼丧母，才由他爸抚养长大。你活得好好的，为什么要把事情丢给辛苦工作的人呢？"我接着说："姐姐们！抚养孩子不是女人一个人的责任，是孩子的爸爸和妈妈共同的责任。更何况当他在做住院医师、在各个科室轮转的时候，几乎不在家，连女儿怎么长大的都不知道！"丈夫听完我的话，笑着说："是啊，当初我不在家，的确是不知道！"接着又说："事到如今，我总不能撒手不干吧？"

那晚，儿子10点喝饱了奶，满足地睡着了。到了凌晨5点，儿子哭闹着要喝奶。当时娘家的独立住宅中包括父母在内，聚集了18口人——大姐家4口人，二姐家4口人，哥哥家4口人，我们家4口人，以及父亲和母亲。正当大家熟睡的时候，我被儿子的哭声惊醒了，而丈夫却没有任何反应，于是我试图叫醒他。大概过了10分钟，睡眼蒙眬的大姐起身走到我身边，把我叫醒。当我再次提醒丈夫起床的时候，他昏昏沉沉地又转身睡了过去。儿子哭闹了20多分钟，二姐和母亲过来问我为什么不给儿子喂奶。我说："你们继续睡吧，我丈夫会起床喂他的。"二姐说："她也真是心大！"说完就离开了，母亲问我："奶瓶在哪里？"我说："妈！孩子饿了哭两声也没什么大不了的，我丈夫会喂他的。他现在只是没经验而已。"妈妈瞪了我一眼，也回房了。我再次摇了摇熟睡的丈夫："老公，孩子在哭！你快起来给他喂奶，又不是什么难事，你为什么就是不醒呢？"丈夫终于明白发生了什么事，揉了揉眼睛，打着呵欠把奶瓶放到儿子嘴边。就这样，丈夫在娘家所有人面前，完成了育儿的首次尝试，正式成为育儿爸爸。

勤奋的职场人士往往会有一个误区，那就是"没有我，公司就无法正常运转"。但如果公司本身运作正常，即使有人离职，也不会影响其稳定性。健康的组织如同生物，组织内部成员的角色分担，来保持生机。家庭也是一样，只要有决心，照顾孩子的责任自然会被承担起来。如同职场中的角色分工，家中的宝贝自然无须争论由谁照顾。爸爸怎么可能不能育儿呢？无论年龄大小，性别如何，只要认定抚养孩子是自己的责任，即使睡眠不足，压力过载，时间紧迫，也能找出时间来照顾孩子。抚养孩子，不只是母亲的任务，也不是女性的责任。任何人都可以育儿，任何人都能下决心。只要孩子能健康快乐地成长，无论育儿的责任主体是组织、他人、爷爷、奶奶、单亲家长，无论是爸爸还是妈妈，都无所谓。

如今孩子们已经长大，有一次我和丈夫一起喝咖啡，我问他:"当初照顾儿子的时候,你累吗?"

丈夫搓着手,回想起那时给儿子喂奶的情景,说道:"这个嘛,肯定累啊,但我心里真的很开心!"他接着说,"那时候你在米兰,孩子发烧,我给他吃布洛芬,一整夜都抱着他。后来我后悔没带他去急诊室打针,真傻啊!那晚孩子高烧不退,我只要一放下他,他就会哭闹,所以只好抱了他一晚。我那时真是太傻了!"我说:"是啊,成了急诊医学科教授又如何呢?书本里学到的知识和实际面临的问题往往有很大的出入。这才是真实的人生和经历啊,是无法在任何地方学到的东西,是儿子的成长让你懂得了这些事情!"

令我感到欣慰的是,女儿看着爸爸抱着弟弟喂奶,间接接受了一堂生动的父亲育儿课。

因为新冠肺炎疫情,正在上高中的儿子大部分时间待在家中,每次吃饭时,他都会和爸爸你一言我一语地谈论有关电脑和世界各地的事情。现在想来,无论是父亲还是母亲的育儿过程,其实都是一次美好的经历和幸福的学习。

——女儿啊!

如同职场中的角色分工，

家中的宝贝自然无须争论由谁照顾。

爸爸怎么可能不能育儿呢？

无论年龄大小，性别如何，

只要认定抚养孩子是自己的责任，

即使睡眠不足，压力过载，

时间紧迫，也能找出时间来照顾孩子。

丢下两个孩子去留学，你是想离婚吗？

20多年前的职场生活虽然艰辛，但收获良多。我所供职的企业专门生产出口至欧洲以及美国和日本的摩托车骑行服。鉴于骑行服的生命保护作用，设计师们将安全性与功能性融入设计，而客户们则密切关注国际经济动态，决定商品定价。我忍不住感叹："真正的商人，掌握资金动向，如同呼吸般自然！"不仅如此，缝制样品的阿姨们精细的缝纫技术令人赞叹，精确到不允许一毫米的误差；剪裁课长的裁剪技术如机器般精确。他们的技术与经验，让我这个初入职场的人赞叹不已，受益匪浅。

来自德国、英国和荷兰的设计师与客户经常带着意大利品牌的衣服来公司，希望我们按照意大利服装的板型进行设计。

看到欧洲客户和设计师对意大利服装的板型赞不绝口，我对还在住院医师阶段偶尔回家的丈夫说："好想了解一下意大利的服装板型啊。"见丈夫若有所思地点了点头，我试探着问他，"如果我有了身孕，等孩子生下来，哺乳期之后我能去意大利学习一年吗？"

丈夫扑哧笑出了声，说："首先，咱们得有个孩子。等孩子出生后，满月了，你就去吧。那时我应该已经完成住院医师的阶段，正式进入医院工作开始赚钱了，你就去做想做的事吧。"实际上他可能在想：说得轻巧，这么轻易就能怀孕吗？或者：话虽如此，但你真的能放下两个孩子，独自在国外学习一年吗？无论如何，他肯定觉得那是很遥远的事，所以才显得如此轻松。问题是，他虽以"她不会真的去吧"的态度轻飘飘地说了这番话，但我却将其视为重如九鼎般的承诺，始终放在心上。

还记得我参加博士入学考试的时候，还有三个月，儿子就满周岁了。彼时我的头脑已经大不如前，只能勤学苦练，也终于明白了为什么长辈总说年轻时要多读书。公公婆婆说："你就别那么拼命了，在大学教设计就足够了，何必读什么博士？"

儿子周岁宴上，我对丈夫说："博士第一个学期结束后，我想去意大利留学一年。"

丈夫十分震惊："你真的要放下我和孩子们，去意大利吗？可是咱们儿子还那么小。"

"当初是你说等我生完孩子，有机会就可以去。我觉得现在就是那个机会。怕是没有比博士的第一年更适合出国留学的时机了？"

丈夫充满担忧地看着我说："对啊，博士阶段的第二学期，确实是最好的时机。"

听了我的话，父母目瞪口呆，无言以对。母亲带我到厨房的餐桌前坐下，说："丢下两个孩子去留学，你想离婚吗？你已经生下了两个健康的孩子，你丈夫也终于成了大学医院的医生，这样的家庭，你还有什么不满足的？你为什么要这样做？你只需一边照顾孩子，一边学你想学的，再去教教课就好了。"

母亲担心我去留学，会导致"夫离子散"。我笑着对母亲说："妈，孩子是我生的，即使这个家散了，即使我脱去一层皮，他们也依然是我的孩子；如果丈夫变心了，那也是他不成事。如果他真的那么轻易就变心，那我现在离开也不是坏事。我难道连这点儿自信都没有吗？我想去学习一年。"

母亲一脸震惊地看着我，说："你真是什么都不怕啊！"

晚饭后，父亲在丈夫面前对我说："你真是天不怕地不怕！但既然你已成了别人的媳妇，你丈夫都已经同意了，我又有什么资格管你呢。"

"爸，您别担心！我不需要丈夫同意，我的人生由我自己决定，无须他人做主。我们是彼此尊重，互相照顾。我只是觉得现在该我受到尊重和照顾了。"

听了我的话，母亲轻抚着我的后背，说："你这孩子！"

一周后，公公婆婆来大田，我们一起吃了晚饭。婆婆说："你非去意大利不可吗？那孩子谁来照顾？"

丈夫回答："当然是我和您来照顾啊。"

婆婆顿时气结："孩子当然是当妈的来照顾啊。你来？哪有那么简单，毕竟现在你也要去医院上班的啊。到底有什么了不起的东西要学，孩子出生才几天？"

"妈，我这一年要值夜班。白天有育儿嫂来照顾，您只需要晚上照顾孩子就好。"

"我没有力气，也不知道该怎么做。如果育儿嫂过来打扫卫生、洗衣和做菜，只需要我晚上出一点力气的话，可能我还做得来。"

丈夫看起来十分不悦，表情阴郁地说："妈，当初是您说孙子出生后会帮忙照顾孩子的，现在眼前就是机会啊，您想怎么照顾就怎么照顾。"

我接过话："照顾孩子自然是由丈夫和育儿嫂一起来做，您只需要负责监督。"

婆婆见可以抱着心爱的孙子整整一年，没有再表达出不满。真是万幸。

从那天起，我全力准备留学。我填写入学申请表、准备签证材料、签证面试，还买了含有意大利语词典和录音带的意大利语书籍，从第一页到最后一页一字不漏地背诵。后来，我买了飞机票，提前找好了在意大利的住处，在丈夫的鼓励下做好一切，然后启程前往米兰。

婚后七年，我从未与公公婆婆发生过冲突。丈夫总说："相信我，我在你身边。你想要什么，我都会为你实现。"就这样度过了七年，我对公婆说："爸，妈，我真的想去学习。如果你们能帮我，我会非常感激。"

丈夫在机场送我离开时说："保重身体，孩子的事你别担心，我会照顾好。有什么需要的，随时联系。就是将来别跟我说要留在那边工作。"

在人生中，有时我们需要用行动回应言语。只有那些能用行动来承担言语重量的人，才是真诚的。许多深情的言辞，会像风一样随着时间消散，因为它们仅仅是口头上的。因此，我是一个幸运的妻子、媳妇。因为我有一个用行动履行诺言的丈夫，有一对养育了这样出色儿子的公婆。这一来一回，我是否就瞬间扭转了局势，把多年不等价的婆家生活变为等价的了呢？我牢牢地抓住了那个瞬间翻转局面的机会。

——女儿啊！

在人生中，有时我们需要用行动回应言语。

只有那些能用行动承担言语重量的人，才是真诚的。

许多深情的言辞，会像风一样随着时间消散，

因为它们仅仅是口头上的。

夫妻吵架，是发现双方差异根源的方式

大概是儿子 8 岁的时候，一个深夜，我和丈夫将泛着牛奶般光泽的马格利酒倒在玻璃杯里对饮。我们异口同声地说："好爽啊！"旋即一饮而空。大概喝到两三杯，电视里开始默默播放亚马孙消失部落的故事，节目中，基督教基金会在部落所在的小村子里建造教堂和学校。

画面里是一个当地女人的脸，她脖子细长，身穿一件破旧不堪、四处开线的 T 恤，看上去十分虚弱。她满脸的皱纹中，仿佛被刻满了绝望与痛苦。不仅如此，她的声音无力，眼神涣散。那一刻，这个穿着松垮褪色 T 恤的女人，竟让彩色的电视画面瞬间失去了色彩。女人说，这里曾经是一个平静的村子，

但现在已经很久没有听到孩子们天真无邪的笑声了。在她讲述的短暂瞬间里，我能通过镜头看到她眼神里的愤怒与怨恨。村子里的人们早已流落四方，孩子们都去外地赚钱，只剩下那些仍需要父母照顾的年幼孩子们，而在采访期间，孩子们一直用黑色的眼眸看向女人。

旁白里传来了知名艺人沉着的声音："到底是谁开发了这个村子？"画面之外，他平静地谈到了丛林的破坏、刻板的发展、小部落的解体，以及教堂与学校的建设，然后问道："这一切的背后，到底是谁在获利？"我不知道他在问谁，是屏幕前的我、他自己、宗教组织，还是亚马孙部落，但那个声音里始终没有任何情绪。

我喃喃自语："学得越多越幸福吗？正规教育和宗教就是衡量幸福的标准吗？"听到我随口说出的话，丈夫惊讶地瞪大了眼睛，说："幸福也有层次之分。这不是绝对的幸福，而是相对的。如果我们以十分为幸福标准，而他们只知道其中的两分，并且因此感到满足，那么我们难道可以说他们获得了满分的幸福吗？"我一口气喝完了杯里剩下的酒，反问道："相对的幸福？那是由谁决定的？只要我感到幸福和满足就足够了，为什么要通过与他人比较来评价我的幸福呢？"

虽然纪录片已经结束，我们夫妻两人却依然在争论，声音也逐渐升高。我们极少吵架，无论是关于孩子的教育、对待双方父母的问题，还是工作上的事，我们都认为一切都有其合理性，所以几乎没什么争吵（政治问题除外）。然而，当我们确认了彼此对幸福存在观念的差异后，争吵的声音像火山爆发一样越来越高。

结婚 13 年，我第一次发现我们之间有什么不同。在我们的思想深处，看待世界的角度和对幸福的期待方式存在差异，这绝非小事。我开始好奇，为什么我们之间会出现这种根本性的观念差异，隐藏在这些差异背后的哲学逻辑又是什么呢。

2016 年，我读了金容沃（梼杌）先生的《中庸：人类最高的智慧》[1]。在此之前，每当我和丈夫发生观念冲突时，我总是感觉非常不安，如鲠在喉。也许正因为如此，我在读这本书时感到无比兴奋，好像我终于有能力亲手拔出这根刺。

丈夫为了在教堂举行婚礼，接受了为期两周的教义速成课程，受洗后他将《圣经》中的黄金律作为自己的价值准则，即

---

1 金容沃（1948 年 6 月 14 日— ），笔名梼杌，是韩国的代表性哲学家之一。他在 2011 年出版的著作《中庸：人类最高的智慧》中，对中国儒家经典《中庸》进行了深入的解读，并记录了自己的思考。

"无论何事，你们愿意人怎样待你们，你们也要怎样待人（马太福音 7:12；路加福音 6:31）"。而我则是以孔子的教诲来看待这个世界，"己所不欲，勿施于人"。

我和丈夫生活的时代充满了各种各样的宗教、思想、哲学与文化，它们纠缠在一起，以至于我们自己都不知道自己是以什么价值标准进行思考和行动的。

有一天，我对丈夫说："老子认为，不要去爱！只要去爱，就必然会创造、建立、给予、感化、施恩、同情。一旦你开始创造、建立、给予、感化，那些原本自由生长的万物的本来面目就会被破坏。假如你施恩和同情，事物会失去平衡，从而打破共存的法则。你不感到惊讶吗？几年前咱们喝马格利酒时说的话，竟然与公元前 500 多年的人说出的话不谋而合。"丈夫在一旁听得津津有味。

有时我与丈夫会一边喝茶，一边讨论，过程中我们认同彼此在思考的出发点和方向上存在差异。丈夫沉思了一会儿，然后低声说："想象一下，当父母看到自己的孩子即将死去，他们自然会尽全力去挽救孩子的生命。但是，如果父母没有钱，周围没有医院，他们就只能眼睁睁地看着自己心爱的孩子死去。科学和经济的发展使我们能够克服这种恐惧，所以人类必须前进。我们在抚养孩子时，必定会将过去束手无策和现在几乎无所不能的情况进行对比。从这个角度来看，人类总是在不断地比较过去与现在、他人与自己，然后将相对幸福论当作自己的价值观。"他说得没错，哪个父母希望孩子比自己先死呢？

我说："我觉得把个体案例套用到整体的做法并不严谨。我不认同人类社会在持续发展的观点。你也知道，所谓的经济发展背后隐藏着资本主义的野蛮与凶恶。你想想某些宗教在世界范围内犯下的暴行，以及那些以神的名义所做的一切事情，神显然是彻底地被利用了。他们在贪婪和欲望的支配下，利用黄金律为自己谋求商业利益。我认为相对幸福论跟黄金律中虚伪的一面是一致的。无论如何，我非常喜欢孔子和老子，他们在那个时代就能拥有洞察人性的思想，着实令人惊叹！"

丈夫眼中闪着光芒，他说："谁会想到你我之间的思想差异，竟是东西方思想的差异呢？"

那天，耶稣的黄金律和孔子的思想同时来到我家，在客厅里稍作停留，便离开了。仅仅因为两位智者的来访，我们的日常生活就会发生变化吗？其实并不会，我们只是知道了彼此的不同之处，并对此深感幸福而已。多年来，我们为了追寻幸福而争论，然而发现了彼此思想差异的根源。至今，我们看待幸福的角度仍然不同。这是我们一辈子都要争论的问题。

虽然人们总觉得夫妻是在为一些小事争吵，但如果我们不去查明争吵的原因，以及争吵背后的根本差异，即使生活在同一个屋檐下，也是同床异梦。发现彼此的不同，是一件令人感到疲惫的事情。人类是社会、文化、历史浓缩的产物，在此前提下，与他人结婚并同居并非易事。无论一个人是否能意识到，他都是有意义的、珍贵的存在，因此探究和分析人与人之间的不同，是一件值得尝试的事情。

——女儿啊！

虽然人们总觉得夫妻是在为一些小事争吵，

但如果我们不去查明争吵的原因，以及争吵背后的根本差异，

即使生活在同一个屋檐下，也是同床异梦。

发现彼此的不同，是一件令人感到疲惫的事情。

无论一个人是否能意识到，

他都是有意义的、珍贵的存在，因此探究和分析人与人之间的不同，

是一件值得尝试的事情。

我们自己好好过日子就行了

　　2017年晚春的一个周五，我和丈夫计划去首尔出差，顺便去南山城郭路走走。我们沿着山脊一路向上，从仅有一两米高的低矮城墙，走到了峭壁般五六米高的城墙，边走边小声交谈。

　　"上次出差的时候我听了一个广播节目，说今后人类能够召唤死去的人，你怎么看？"

　　丈夫仿佛听到了什么荒谬的事情，说："这是什么意思？"

　　"你应该也听说过，收集一个人的所有数据，制作成类似人工智能的东西，然后让这些数据集合体与活着的人进行沟通。人类真的能用电脑技术召唤死去的父母、子女、伟大的智者，然后通过虚拟现实与其进行交流吗？"

"通过整合数据并利用深度学习技术（Deep Mind），确实可以实现交流。但这有什么意义呢？"

"我并没有深究其意义，只是感到好奇。如果我们把存储在计算机中的所有内容和一个人在社交平台上留下的所有数据集中到一起，那么这个数据集成体是否等同于数据的主人呢？也就是说，如果收集了我的所有数据，并根据我的思维逻辑与生者建立联系，那么我们能说那个数据就是我吗？虽然生物学的那个我消失了，但是思想上的我依然存在。也就是说，即使人死了，但如果留下的数据仍然能持续地建立联系，并产生新的数据，那么'我'是否存在呢？是死去的我以'新的形式'存在，还是由于生物学的我已经消失了，所以真正的'我'已经不存在了呢？"

"要想收集数据，技术上自然是可行的。"

丈夫对我的观点表示认同，他认为如果将我发给他的信息、电子邮件、照片等资料归整起来，就可以简单地预测我接下来的反应。因为我仍然在生成新的——包括关于我喜欢的音乐、电影、朋友、食物、书籍、文字等各方面的——信息。

走在城郭路上，我们已是大汗淋漓，我继续说：

"我在想很久以前人们在建造这座城墙的时候，一定有人受伤甚至死去，但正是因为他们的辛勤付出，我们今天才能拥有美丽的道路和能用眼睛看到的历史。当前世界正进入数据生成、积累与消费的时代，总有一天我们的孩子会在想念父母的时候，召唤已故的我们。"

"你说他们会召唤我们？为什么要召唤？"丈夫歪着头，一脸不可思议地看着我。

"你看，如果我们的孩子在生活中遇到了困难，或是有一些小疑问和烦恼，他们也许可以向虚拟世界里的我们提问。我是说如果真的能将我们的虚拟数据建立起来。"

丈夫不禁笑了起来，再次无可奈何地看着我，说：

"孩子们最近有因为遇到什么困难，给你打电话吗？"

"没有。"

"你好好想想，他们有没有因为遇到问题，而认真地向你寻求建议，或者至少打通电话告诉你吗？"

"没有啊。"

丈夫又笑了，他说：

"就是啊，你看即使父母还活着，孩子们也不会主动向父母寻求建议！这再正常不过了，除非他们闯了大祸，否则都能自己解决。这才是正常的。即使咱们还活着，他们也不会来找我们交谈，哪怕是偶尔打一通问候的电话，更别说咱们死了以后！只要父母能够把孩子健康养大，就已经尽到责任了。"

这时，我想起了《哈利·波特》中会动的照片和冥想盆，心想如果能用这些道具存储记忆就好了。因为我希望孩子们能够回忆起与我们共度的美好时光，并在心中享受片刻的幸福。于是我说：

"有时候，我们仅靠回忆就能得到安慰，感受到幸福，不是吗？无论如何，如果这个项目能开发出来，我投'使用'一票！这样就能把我所有的信息都整理出来，让孩子们在想看、想提问的时候，随时都能过来待一会儿。"

"嗯，如果数据存储容量扩展到无限大，我会考虑使用的。但他们的利用率会有多高呢？我们现在别想这么多，来拍照吧，你看这里多美！"

丈夫说完，便开始自拍，然后将照片上传到家庭群里。女儿回复了一个大笑的表情，儿子则没有看信息。原来这一小时里讨论的结果，只需一分钟就能得到确认。

我们又在城郭路走了很久。沿着左侧的城墙，穿过繁茂的树林，我感受到了数百年前祖先们的气息。从山坡上俯瞰广阔的首尔市区，眼前是密密麻麻的建筑，散发着热烈的生命力。我想：现在我正在短暂地经过一个积累了漫长的岁月、凝聚了生与死的空间。

丈夫又开口说道："人生朝露，世事无常。对于生活在瞬息万变的世界中的孩子们来说，我们只是父母，是过客般的监护人。我们过好自己的日子就好！孩子们是生活在未来的，而不是我们经历过的过去，所以我们的话对他们来说未必是正确的。"

我从未像那天一样，对丈夫关于父母和子女做出的定义感到如此信服。丈夫继续说道：

"即便是完美的基因，在不断变化的环境中，其适应能力也会下降。因此，所有生物都应保持一定的不完美性，这样才能敏锐地察觉并主动适应环境的变化。我们应当适度地给予，有所保留地付出，这就是人生的真理和生命的原则。"

我知道，在这个瞬息万变世界里，许多父母都感到焦虑和不安。而这种焦虑会导致父母过度管教孩子，强迫孩子用父母的视角看世界。这一点我怎会不懂？因此，我决定不把我的全部人生时间都花在对孩子的担忧中。毕竟，我的人生也只有一次，我能够顺利活到现在，孩子们为什么不能？如果我过得好，作为父母的我们能够幸福地生活，这难道不会给孩子们带来相信自己和开拓人生的力量吗?

——女儿啊!

努力去过好属于你自己的人生吧。

作为父母，我们也要过好自己的日子。

一天二十四小时中属于我的两小时

时光不能倒流，人生无法重来。时间就像抓不住的流水，所以要把握当下。然而，我们不能因为贪心和执念就想同时完成所有的事情。丈夫在各个科室轮转的那段日子里，我也在一边工作，一边独自抚养孩子，我们全家都很辛苦。人生中总会有这样的日子，有时候我们只能承受这种辛苦。

那段时间，我和年幼的女儿一起生活，一起吃饭、玩耍、休息、洗澡、睡觉，反倒觉得做住院医师的丈夫比较可怜。然而，女儿才是我们三个人中最辛苦的那一个，因为她没有选择。即便现在女儿已经长大成人，有了自己的家庭，我的这种想法依然没有改变。如果硬要定义我和女儿的关系，那么过去那个无法自由表达想法的女儿是乙方，所以辛苦的不止我一人。但所有的关系都是相对的，表面看起来是乙方的那个人，很多时候实际上是甲方。这就是育儿的本质。回想我在成长过程中也曾经让父母头疼不已，而抚养女儿的过程中，我学会了关系的相对性，这让我觉得这场人生体验是值得的。

女儿上小学低年级的时候，在学校里学会了跳绳，每天晚上都像蹦豆子一样在小区的停车场里跳。女儿穿着紧身的黑色七分裤和粉红色短袖 T 恤，一边数着数字一边跳绳，说是在完成跳绳作业，那画面就像绿豆子从豆荚里跳出来一样可爱。女儿每跳一次，她的短发都会跟随着上下摆动。在一旁观看的儿子也开心地围着姐姐转圈，还跟着姐姐的节奏蹦跳，这个场景至今留在我的记忆里。那个时候，只要有时间，我就会陪孩子在小区停车场跳绳。

那时候家里没有空调，还记得某个燥热的夜晚，孩子们因为天气太热而争相将脸靠近电风扇，我说："咱们去跳绳吧！"小区邻居们说："这么热的天还跳绳啊？"可是当我们的体温极度升高时，若是洗个冷水澡，那么就算是在炎热的夜晚，孩子们也能睡个好觉。像这样缩小外部温度与体温之间的差距，可以锻炼身体的高温耐受力。通常女儿跳到 300 次的时候，我和丈夫已经跳到了 2000 次。15 分钟的运动足够了。

女儿上小学到初中的那些年里，每年盛夏，我们一家人都会一起跳绳。还记得女儿的脸红得像苹果一样，忽闪着眼睛说："妈妈，真的好热，汗水流个不停。"儿子则满脸汗珠，脸红得像李子一样，说道："妈妈，我现在也跳得很好吧？我也能跳200 个。今天能给我们买冰淇淋吗？"直到女儿上高中，儿子进入整日里把"我为什么要做这个"挂在嘴边的青春期为止，周末我们一家人都会一起去滑冰，夏天跳绳，秋天骑自行车锻炼。

孩子们成长的过程中，我们一起运动；而当孩子们都长大后，我拥有了属于自己的运动时间。运动时间是别人无法帮你安排的。我在大学站稳脚跟后的 15 年里，每天会在 24 小时中，为自己留出 2 小时。一年至少有 300 天，我都会每天为自己留出 2 小时，这是我为自己准备与投资的，专属于我的时间。即使是出差的日子里，晚上 12 点才回家，我也会坚持锻炼。

我虽然喜欢运动，但在家以外的地方运动，有很多想象不到的限制。因为总是存在各种琐碎的借口和理由，比如下雨、下雪、寒冷、炎热，又或是懒得动、没准备运动服，等等。所以，在过去的 15 年里，我一直在卧室里锻炼。晚上 9 点之后，我会穿上舒适的衣服，一边看电视一边锻炼。最初的 30 分钟，我会选择足浴和泡澡，然后做 20 分钟的扭腰运动，接下来的 40 分钟骑室内自行车，最后 30 分钟做一些简单的运动，以放松颈部、腰部和手臂肌肉，结束一天的锻炼。为了保证每天都坚持锻炼，在身体疲惫的日子里，我会缩短锻炼时间，只骑 30 分钟的自行车，然后以 20 分钟的简单动作结束一天的运动。

对我来说，运动是一件礼物。我认为，要想把为自己投资的时间变成一种习惯，就要让运动融入生活空间里。在没有空调的卧室里，我已经流着汗坚持运动了十多年。孩子们见我如此，说道："妈，你别把自己搞得这么累，少做一点儿就好了。"但是出汗的运动就像滤掉杂质的过滤功能一样，让我更加真实地做自己。通常如果没有特别的事情，我每天都会搬出卧室角落里的自行车和足浴盆，然后开始锻炼。那段时间是专属于我的时间，所以当我锻炼时，丈夫会躺在床上看电视或玩手机游戏，然后做 30 分钟的俯卧撑和深蹲，接着漫不经心地说："累了就休息吧，过度锻炼也会影响精神！"这些话确实给了我安慰，但锻炼和晨间饮水、一日三餐一样，是消除疲劳的必要行为。人再忙也总要吃饭，同理，每天两小时的运动时间，对我来说就是修养身心的重要方式。

如果说运动是我送给自己的常驻礼物,那么独自旅行就是限定礼物。短则半日,长则一天,甚至两天一夜,我会和丈夫协调时间,安排旅行。只有真正体验过自由,才能给家人带来真正的自由。未经培养的自由会变成束缚,成为互相捆绑的枷锁。

结婚后,特别是有了孩子之后,很难拥有独处时间。人们通常会觉得什么事都应该一起做,甚至觉得如果独自行动会破坏家庭的幸福与和睦,因此很多事情都变得犹豫不决。当妈的怎么能放着淘气的孩子不管,独自一个人出门旅行呢?孩子还小,当妈的要在家给孩子准备饭菜和零食,不是忙这就是忙那,自己外出是那么容易的吗?并不容易。然而,一年 365 天,难道我留出半天或一天送给自己做礼物,都不可以吗?生活就像一条传送带,每天都有做不完的事情和各种家务。正因如此,真正能够让我们的心灵得到休息的方法并不多。

获得自由的难度是超出我们想象的。真正的自由不是从天而降,而是需要主动争取的。如果一年中我连一两天的自由都无法得到,那实际上是在背叛我自己。要想为自己寻找不去争取的理由,那么能找到无数个。但既然我们每个人都生活在不同的环境里，有不同的人际关系，那么我们何不展示不同的面貌去追求属于自己的自由呢？

　　——女儿啊！

　　我希望你无论拥有怎样的人生，都能做自己，用自己独特的方式去爱自己。

　　如果有人问你："在你的人生里，谁是最重要的人？"

　　我希望你毫不犹豫地回答："是我自己！"

　　无论是在热恋的时候，还是抱着刚出生的你的时候，我始终爱我自己。所有生物都有自私的一面，我希望我深爱的女儿在爱情中也能学会自私。因为只有懂得爱自己的人，才能去爱家人和他人。当然，如果上帝让我在两个孩子和我的生命之间做出选择，我会毫不犹豫地为你们献出我的生命。但这是因为我已经活了足够长的时间，而我希望你们至少能活到我这个年纪，别无其他原因。

　　——女儿啊！

　　妈妈希望你能用以自我为中心的思考方式去过你的人生，

将"自己的幸福"放在首位。

希望你能在一天 24 小时中，为自己安排 2 小时；

一年的 12 个月中，至少把半天或一天的时间作为礼物送给自己。

这样，你才能创造自己的生命力、幸福与自由，

爱你自己的人生，成为闪耀的人。

身为妻子、媳妇、母亲，都只是寻找自我的过程

当初走入婚姻，我想我未曾考虑过要成为某人的妻子、某人的媳妇、某人的母亲。我只是希望与心爱的人共度幸福生活，夫妻之外的关系反倒是被放在了次要位置。这样的想法至今仍未改变。结婚对我而言，是为了与所爱之人共度每个清晨、每一个平凡日子，晚上一起坐在餐桌前，像多年的老朋友一样享受晚餐，然后一起散步。

然而结婚之后，公婆总是不断地询问我是否照顾好了他们的儿子，他的身体状况如何，孙子孙女是否健康。他们希望儿子能取得成功，建议我"让你丈夫多学英语，尽快完成博士论文拿到学位；让他多读专业书籍，不时写作，少玩手机游戏；

还要督促他多锻炼身体，不要弯腰驼背"。他们将对儿子的期许传达给我，希望我能督促丈夫实现。

也是在结婚后，我意识到，关爱儿子的公婆往往希望通过媳妇改变儿子的习惯。尽管公婆与媳妇之间的关系是间接的，但他们仍试图主导这段关系。我明白，我并没有与他们结婚，于是花了一段时间让他们了解，我与他们心中理想的媳妇形象相距甚远。

那是一段对我充满压力、愤怒和疲惫的时光。然而，尽管婚姻是两个人的事情，但我们的生活并非仅仅关乎两个人，所以我认为这是无法避免的。

婚后，真正艰难的部分发生在养育孩子的过程中，更准确地说，发生在关注孩子成长的过程中，我总会忍不住问自己："我是一个有智慧的母亲吗？孩子们是否得到了足够的爱，是否在健康成长呢？"同时，作为职业女性，我总是感到愧疚。女儿上小学一年级时，有一次她因为听写错了太多，哭个不停。女儿的班主任责备我说："你们家长怎么能连基本的收音都不好好教，就把孩子送来学校呢？"那一刻我非常焦虑，心情也十分沉重。

儿子上小学时，每天放学后他总是和四五个同学在操场上踢足球，玩到很晚才回家。偶尔我去学校与老师谈话，都会听到老师当面对我说："这孩子聪明，但就是不上进。"儿子上初中后，一到考试期间，他就蒙头睡大觉。我带着全家人去美国进修之前，他还抱怨："干吗要学英语？"在这种情况下，我有时会想：我为什么要工作，我的职业生涯有那么重要吗？但又安慰自己：孩子们都很健康，又那么懂事，这样就够了吧？可接着又会想：我是不是对孩子们的人生太不负责任了？或者担忧：将来孩子们问我以前都在做什么，我不知道该如何回答。我时常会产生诸如此类的愧疚和不安。

回首过去，我发现自己对孩子们的愧疚感，以及质疑自己作为母亲是否尽到最大努力的焦虑感，已经深深地占据了我的内心。如今两个孩子已经成年，写下这些文字的时候，我仍会感到一阵悲伤。

抚养孩子的过程中，我曾产生过强烈的动摇与不安！作为父母，我总是担心孩子们会因我而受到损失，或者苦恼对于孩子来说仅达到身体健康和情绪稳定是否足够。对此，我也总是感到动摇，无法相信自己。

有一次，我带着读小学六年级的女儿和上幼儿园的儿子去教堂，当时我对女儿说："妈妈每天工作，你们会因此觉得很累吗？没能照顾好你们，我真是个不称职的妈妈。要不我待在家里陪你们？"女儿牵着我的手，灿烂地笑着："妈妈，你放心，我过得很好。妈妈实现妈妈的梦想，我努力实现我的梦想。不用担心！"女儿的话，让我感到了莫大的安慰，我十分感谢我的女儿。

听到女儿的话，一旁的儿子也点了点头，说道："妈妈继续工作吧。我喜欢酷酷的妈妈。"可是曾经说出这句话的儿子，在进入小学后，变得非常不听话，更别提好好学习了，整日里只关心足球和游戏。儿子的叛逆时光就像是穿越了一条长长的隧道，直到初三寒假，事情才有了转机。

有一天，我们一起在群山的银波湖散步，儿子说："妈妈，我现在得做些清洁工作了。为新事物腾出一些空间。"我问他："是要打扫房间吗？"儿子笑着说："不是。现在是时候打扫我的脑内空间了。我要缩短游戏时间，制订计划，确立目标，然后逐步为我的人生积累必要的东西。这是为了我的未来！"

从我一个人兼顾育儿和工作、努力照顾女儿时开始，无论是一边做兼职教授，一边读博士的时候，还是正式成为大学教授准备升职的时候，在这所有的过程中我的内心始终隐藏着愧疚与不安，这让我不禁自问："我是否应该放弃工作，全心照顾孩子？"最近我问了丈夫："你有没有考虑过辞掉工作，好好照顾孩子们？"

这是我在抚养孩子期间从未问过的问题。丈夫以一副轻松自在的表情回答我："为什么要那么想呢？孩子们有孩子们的人生，我们有我们的人生。"

我看着这样回答的丈夫，继续问道："真的一次都没有吗？"丈夫点点头说："没有。"

我所处的文化环境要求男性成为出色的职场人士、成功的专业人士，以及承担家庭经济责任的支柱。因此，或许丈夫从未有过那样的想法是理所当然的。然而，面对我的提问，丈夫在对这个突如其来的问题感到不解的同时，毫不犹豫地给出了回答。这让我瞬间感到我与他、妻子与丈夫、女性与男性之间，存在着明显而又深邃的鸿沟。当我在外工作时，我一直被巨大的压力和自责所折磨，觉得自己没能好好照顾孩子，是一个糟糕的母亲。

然而，仔细想想，虽然我确实被自己的压力折磨，但无论是公婆不断重复的"照顾好孩子，把他们抚养好才是在赚钱"的说法，还是父母亲所说的"你得为人家延续血脉，好好养育孩子"的规劝，都让我下意识地，按照他们的标准来看待我自己。这恰恰是父母这一代人所经历过的文化规训，也是我们的社会对母亲、妻子、女性的刻板印象。

文化就像一口深井。我们若身处这口井中，即使不愿那样思考，我们的思想也会在不知不觉间被渗透、被左右。我的婆婆也工作了一辈子，她同样承受着压力与焦虑，即便如此，她还是不停地劝我为了丈夫的事业和家庭的和睦而付出。而被这样的婆婆带大的我的儿子告诉我："爷爷奶奶只是忠于他们那个年代的文化而已，不要太在意。"儿子是在让我从时代文化的宏观角度来看待我与他们的观念差异，我虽然能理解儿子的话，但另一方面，我觉得理解不是弱者该做的事情。我从未对公公婆婆表达过我所感受到的焦虑与自责，也从未向他们表达过质疑："为什么你们的儿子出去工作就是理所当然，而作为媳妇的我却要照顾家庭？"那是因为我知道他们曾生活过的井中世界更加残酷，也确信时间才是我唯一的盟友。以及，他们是我所爱之人的父母，所以我选择了沉默。

　　如今，生活在这个时代的女儿们、母亲们、媳妇们、职场女性们，仍然在受到性别角色的规训。我们会主动用性别角色的枷锁束缚自己，也会接受他人施加于我们的性别角色规训，因此我们还有很长的路要走。需要经过几代人的努力，才能让养育孩子的职场女性摆脱焦虑感与罪恶感呢？当然，在我们对孩子的爱中，伴随着无数的恐惧与不安。然而，至少在某种程度上，我们应该摆脱那些作为妻子、母亲和媳妇所承受的性别角色带来的不安和罪恶感，这一天何时才能到来呢？

　　在我成长的藩篱和结婚后构建的围篱中，父母们无休止地将我当作某人的女儿、某人的妻子、某人的媳妇，以及某人的母亲，试图动摇我的想法。身处于篱笆院墙里，我不断地被动摇，总是会感到不安、悲伤与疲惫，但幸运的是——我始终爱我自己。同样，就像我爱自己一样，我相信我的孩子们也会爱自己，并且勇敢地迈向未来。

　　父母之所以存在，不就是为了见证孩子的成长吗？正如我无法选择父母，在来到这个世界之前，我们无法选择自己的性别与国籍，也无法选择我们成长的文化环境。然而，我们可以改变文化。现在，就在这里，我要和我的孩子们一起努力。

——女儿啊！

在成为某人的女儿、妻子、母亲或媳妇之前，

你首先是你自己。

无论你的生长环境如何、相貌如何、拥有怎样的性别认同，

无论你与谁一起生活，也无论你从事什么工作，

你始终是你自己。

所以，女儿啊！

请你在爱自己的同时，稳步向前，走出属于你的精彩人生。

图书在版编目（CIP）数据

我希望我女儿活得"自私" / （韩）郑莲喜著；阚
梓文译 . -- 北京：国际文化出版公司，2023.10（2024.6 重印）
ISBN 978-7-5125-1561-1

Ⅰ . ①我… Ⅱ . ①郑… ②阚… Ⅲ . ①女性—婚姻—
通俗读物 Ⅳ . ① C913.13-49

中国国家版本馆 CIP 数据核字 (2023) 第 147240 号

北京市版权局著作权合同登记号　图字 01-2023-4717 号

我希望我女儿活得"自私"

作　　者	〔韩〕郑莲喜
译　　者	阚梓文
责任编辑	侯娟雅
责任校对	崔　敏
策划编辑	康爱爽
出版发行	国际文化出版公司
经　　销	全国新华书店
印　　刷	嘉业印刷（天津）有限公司
开　　本	880 毫米 ×1230 毫米　　　32 开
	7.5 印张　　　　　　　　　136 千字
版　　次	2023 年 10 月第 1 版
	2024 年 6 月第 5 次印刷
书　　号	ISBN 978-7-5125-1561-1
定　　价	52.80 元

国际文化出版公司
北京市朝阳区东土城路乙 9 号　　邮编：100013
总编室：（010）64270995　　传真：（010）64270995
销售热线：（010）64271187
传真：（010）64271187-800
E-mail：icpc@95777.sina.net